कालजयी कवि और उनका काव्य

कबीर

संपादक

माधव हाड़ा

राजपाल

ISBN : 9789393267191

पहला संस्करण : 2022 © राजपाल एण्ड सन्ज़

KAALJAYI KAVI AUR UNKA KAVYA : KABIR (Poetry)
Edited by Madhav Hada

राजपाल एण्ड सन्ज़

1590, मदरसा रोड, कश्मीरी गेट, दिल्ली–110006

फ़ोन : 011-23869812, 23865483, 23867791

e-mail : sales@rajpalpublishing.com

www.rajpalpublishing.com

www.facebook.com/rajpalandsons

क्रम

भूमिका

कबीर (1398-1515 ई.) पंद्रहवीं सदी में हुए असाधारण संत, कवि और समाज सुधारक थे। हजारीप्रसाद द्विवेदी ने उनके संबंध में सही लिखा है कि ''हिन्दी साहित्य के हज़ारों वर्षों के इतिहास में कबीर जैसा व्यक्तित्व लेकर कोई लेखक उत्पन्न नहीं हुआ।'' कबीर की मान्यता और स्वीकृति का इतना विस्तार हुआ कि उनके समय और उनके बाद के लगभग सभी संत-भक्तों ने उनका नामोल्लेख किया है। उनके समकालीन और गुरु भाई संत पीपा ने उनके संबंध में लिखा कि ''जो कलिकाल कबीर न होते। / तौ लोक बेद अरु कलिजुग मिलि भगति रसातल देते॥'' आशय यह है कि कबीर नहीं होते, तो लोक, वेद और कलियुग ने भक्ति को रसातल में पहुँचा दिया होता। उनके निधन के कुछ समय बाद लिखे गए *भक्तमाल* (1585 ई.) में नाभादास ने भी उनके महत्त्व पर टिप्पणी करते हुए लिखा कि ''*कबीर कानि राखी नहीं वर्णाश्रम षटदरशनी॥ / भक्ति विमुख जो धर्म सो अधर्म कर गायो। / जोग जग्य ब्रत दान भजन बिनु तुच्छ दिखायो।*'' अर्थात् कबीर ने वर्णाश्रम और षड्दर्शन किसी की भी मर्यादा नहीं रखी। उन्होंने भक्ति विमुख जितने भी धर्म हैं, उन सबको अधर्म कहा। संतों की परिचयाँ लिखनेवाले अनंतदास ने उन पर 1590 ई. के आस-पास स्वतंत्र *परचई* लिखी और इसके अंत में उन्होंने लिखा कि ''*निरगुन भगति कबीर बीचारा ताते उतर्यौ भोजल पारा॥*'' अर्थात् कबीर ने निर्गुण भक्ति पर विचार किया, जिससे वे संसार सागर पार कर गए।

वाणी की बहुवचनात्मकता, व्यापक लोक संपृक्ति और लोकव्याप्ति से कबीर के जीवन और कविता के संबंध में कई विश्वास और धारणाएँ बन गयीं। कबीर के नाम से चले पंथों ने भी मध्यकालीन जनसाधारण की मंशा के अनुसार उनकी अतिमानवीय छवि बनायी और उनकी वाणी में अपनी ज़रूरतों के अनुसार रद्दोबदल भी किए। उपनिवेशकाल और बाद में 'विचारधारात्मक उद्देश्यों और लाभ के लिए' भी कबीर को समझा और समझाया गया। ख़ासतौर पर भारतीय

जनसाधारण के भक्ति के व्यवहार के ख़ास ढंग से अनजान औपनिवेशक और पश्चिमी ज्ञान मीमांसा ने कबीर की 'सुरझावनहारी' बातों को बहुत उलझा दिया। कबीर की ख़ास भक्ति और ज्ञान उनके समाज की सामाजिक-सांस्कृतिक ज़रूरतों से अस्तित्व में आए। परंपरा से प्रभावित होते हुए भी कबीर का धर्म, अध्यात्म और साधना उनके अपने अर्जित और विकसित थे। कबीर की पहचान और मूल्यांकन में इस तथ्य की अनदेखी हुई। कबीर की इस कारण कई पहचानें— ईसाई मिशनरी का पूर्वरूप, शरा या बेशरा सूफ़ी, महायानी बौद्ध, नाथपंथी या आजीवक, हिन्दूधर्म के रक्षक, पंथ प्रवर्तक, स्वतंत्र धर्म के प्रतिष्ठाता, वैष्णव धर्म से प्रभावित नाथपंथी, धर्मगुरु, समाज-सुधारक, नारदी भक्ति में लीन आदि बनायीं और बिगाड़ी गयीं और यह सिलसिला अभी भी जारी है।

कबीर सदियों से जनसाधारण में लोकप्रिय थे, लेकिन आरंभिक हिन्दी के साहित्यिक विमर्श में उनको जगह थोड़ी हिचकिचाहट के बाद मिली। मिश्रबंधुओं के *हिन्दी नवरत्न* में कबीर सम्मिलित नहीं थे—बाद में इस पर प्रतिक्रिया हुई और इस कारण इसकी पहली आवृत्ति में उन्हें आठवें स्थान पर, सूरदास, तुलसीदास और यहाँ तक कि देव, केशवदास और बिहारी के बाद जगह दी गयी। क्षितिमोहन सेन के श्रुत परंपरा पर आधारित संकलन में से रवींद्रनाथ ठाकुर द्वारा चयनित रचनाओं के संकलन *हंड्रेड पोयम्स ऑफ़ कबीर* (1915 ई.) का प्रकाशन कबीर की महिमा के विस्तार के इतिहास में बड़ी घटना थी। कबीर इसके बाद अपने ख़ास रहस्यवाद और अलग स्वर के कारण देश-विदेश में चर्चा में आ गए और भक्ति आंदोलन में उनका स्थान इसके अग्रणी दो-तीन कवियों में तय हो गया।

कबीर की वाणी में अपने समय के प्रचलित धर्मों की जड़ता का प्रतिरोध बहुत मुखर और सघन है। नाभादास ने भी बहुत आरंभ में उनके इसी रूप पर यह कहकर कि 'भक्ति विमुख जो धर्म सो अधर्म कर गायो' ज़ोर दिया था। उनका 'इतर' के विरोध का स्वर कहीं-कहीं बहुत उग्र और इसके उपहास का है। कबीर हठयोग के साधक थे—इस साधना के विभिन्न रूप अपनी ख़ास पारिभाषिक शब्दावली के साथ उनकी वाणी में हैं। वे 'मुहाविद्' मतलब एक ईश्वर में विश्वास करने वाले थे। यह धारणा उनके यहाँ औपनिषदिक चिंतन या सूफ़ी रहस्यवाद से सीधे नहीं आयी। कबीर ने इसको अपने अनुभव और व्यवहार से गढ़ा-बनाया। कबीर दंभी होने की सीमा तक स्वाभिमानी थे, लेकिन इसको खाद-पानी उनके चौदहवीं-पंद्रहवीं सदी के बनते-बदलते समाज ने दिया।

कबीर सचेत कवि नहीं हैं, लेकिन वे किसी भी सचेत कवि से अधिक बड़े और महान् कवि हैं। उक्तियाँ और कथन उनकी वाणी में टकसाली सिक्कों की तरह गूँथे और बाँधे हुए हैं और ये उनके कवि होने के साक्ष्य हैं।

1

सदियों तक जनसाधारण में कबीर की लोकप्रियता ने उनके जीवन को जनश्रुति में बदल दिया। लोक स्मृति और समय-समय पर इसके आधार पर बनाकर तैयार हुए दस्तावेज़ ही अब कबीर के जीवन और वाणी को समझने के साधन हैं। कबीर की शिक्षाओं का संस्थानीकरण कबीर पंथ के रूप में हुआ और यह सदियों तक कई रूपों में फलता-फूलता रहा। कबीर की स्मृति इन पंथों में भी श्रुत और लिखित, दोनों रूपों में जीवित रही। जनश्रुति की तरह जनसाधारण के व्यवहार में रहने के कारण कबीर के जीवन में जोड़-बाकी भी काफ़ी हुआ। *बीजक* (17वीं सदी), नाभादास कृत *भक्तमाल* (1585 ई), अनंतदास की *कबीर परचई* (1590 ई. के आसपास), रामदास रतन कृत *पद सूरदास जी का* (1582 ई.), *आदिग्रंथ* (1604 ई.) अबुल फ़जल कृत *आईन-ए-अकबरी* (1598 ई.), मौलवी ग़ुलाम सरवर कृत *ख़जीनात-उल-आसफिया* (1868 ई.), मोहसिन फ़ानी कृत *दाबिस्तान-ई-मज़ाहिब* (1598 ई.) आदि दस्तावेज़ों में कबीर के जीवन के संबंध में जानकारियाँ मिल जाती हैं। अधिकांश मान्यताओं के अनुसार कबीर का जन्म 1398 ई. में काशी में हुआ और वे नीरू और नीमा नामक जुलाहा मुस्लिम दंपति की संतान थे। यह धारणा सर्वथा निर्विवाद नहीं है—इस सम्बन्ध में शोधकर्ताओं के स्रोत और उनकी राय अलग-अलग हैं। कबीरपंथ में कबीर की उत्पत्ति को दैवीय माना गया है। *कबीर चरित्र बोध* के अनुसार लहरतारा तालाब में पुरइन के एक पत्ते पर सोया हुआ एक बालक नीरू जुलाहे की पत्नी को मिला, जो आगे चलकर कबीर के नाम से विख्यात हुआ। कबीर के उत्तराधिकारी और शिष्य धर्मदास के अनुसार कबीर का जन्म 1398 ई. (वि.सं. 1455) में हुआ। उनकी एक प्रसिद्ध पंक्ति है—''चौदह सौ पचपन साल गए, चन्द्रवार एक ठाठ गए। / जेठ सुदी बरसायत को पूरनमासी तिथि प्रगट गए।'' ग़ुलाम सरवर की *ख़जीनात-उल-आसफिया* में कबीर के जन्म का समय 1594 ई. दिया हुआ है। पंथ में कबीर के जीवन की घटनाओं में इधर-उधर या उनकी कल्पना स्वाभाविक है और इसके प्रयोजन भी हैं, लेकिन उनके जन्म के

समय में इधर-उधर करने का कोई ख़ास प्रयोजन दिखता नहीं है, इसलिए इसमें प्रचलित जन्म समय 1398 ई. सही माना जा सकता है। यह सदियों से प्रसिद्ध है और लगभग निर्विवाद है कि कबीर जुलाहा थे। हजारीप्रसाद द्विवेदी की चर्चित किताब *कबीर* की पहली ही पंक्ति है कि ''कबीर का लालन-पालन जुलाहा परिवार में हुआ।'' पीतांबरदत्त बड़थ्वाल का भी मानना है—''मेरी समझ में कबीर भी किसी प्राचीन कोरी, किंतु तत्कालीन जुलाहा कुल के थे, जो मुसलमान होने के पहले जोगियों का अनुयायी था।'' कबीर ने भी अपनी वाणी में स्वयं को एकाधिक बार जुलाहा कहा है। उनकी पंक्तियाँ हैं—''जाति जुलाहा मति को धीर। / हरषि हरषि गुण रमै कबीर॥'', ''मेरे राम की अभैपद नगरी, कहै कबीर जुलाहा।'' और ''तू ब्राह्मन मैं काशी का जुलाहा।'' उनकी कविता में प्रयुक्त उपकरणों से भी लगता है कि वे जुलाहा थे। उन्होंने भरनी, ताना, थान, धागा आदि शब्दों का एकाधिक बार इस्तेमाल किया है। विद्वानों में अधिक मतभेद उनके हिन्दू या मुसलमान होने को लेकर है। पंथ में यह धारणा है कि कबीर की माता एक विधवा ब्राह्मण थीं। यह उल्लेख सबसे पहले बालकदास ने एक जनश्रुति के आधार पर *भक्तमाल* की अपनी टीका *भक्तिगुणदामचित्रिणी टीका* (1776 ई.) में किया। बाद में एच.एच. विल्सन ने भी *दि स्केच ऑफ रीलिजियस सेक्ट्स ऑफ हिन्दूज़* (1846 ई.) में प्रसंगवश ऐसा ही एक उल्लेख किया और यह बात चल पड़ी। प्रचलित जनश्रुति यह है कि एक भक्त ब्राह्मण रामानंद के पास अपनी अविवाहित पुत्री के साथ गया। रामानंद ने पुत्री को पुत्रवती होने का आशीर्वाद दे दिया। आशीर्वाद पुत्र जन्म के रूप में फलीभूत हुआ, लेकिन लोकापवाद भय से ब्राह्मण पुत्री ने अपने पुत्र को लहरतालाब के किनारे रख दिया। मुसलमान जुलाहा दंपति, नीरू और नीमा उसको अपने घर ले गए और उन्होंने उसका लालन-पालन किया। हजारीप्रसाद द्विवेदी ने कबीर को 'वयनजीवी' या 'कोरी' जाति का मानते हुए यह कहा कि इस जाति ने इस्लाम क़बूल कर लिया था, परन्तु इसके आचार-विचार हिन्दुओं जैसे ही थे। कबीर जैसा कि हजारीप्रसाद द्विवेदी कहते हैं कि ''अपने को जुलाहा कहते हैं, लेकिन कहीं भी मुसलमान नहीं कहते।'' उनके अनुसार यह जाति समूह हिन्दू-मुस्लिम से अलग जातीय समूह है। वे इसकी पुष्टि के लिए कबीर की एक पंक्ति उद्धृत करते हैं, जिसमें कहा गया है कि ''जोगी गोरख-गोरख करइ, हिन्दू रामनाम उच्चरई। मुसलमान कहे एक खुदाई / कबीरा को स्वामी घर-घर रह्यो समाई।'' कबीर के जन्म से

हिन्दू होने की धारणा चलन में तो आ गयी है, लेकिन यह युक्तिसंगत नहीं है और बाद में जोड़ी गयी लगती है। उपलब्ध अधिकांश समकालीन और परवर्ती साक्ष्य कबीर के मुसलमान माता से उत्पन्न होने की पुष्टि करते हैं। लोक में सदियों से जैसा कि रज्जब की *सर्वंगी की महिमा* में कहा गया है—''जुलाहा ग्रभे उत्पन्नो। साध कबीर महामुनि।'' अर्थात् कबीर जुलाहा माँ के गर्भ से उत्पन्न हुए। कबीर के समकालीन और उनके गुरु भाई पीपा के इस कथन पर भी अविश्वास का कोई कारण नहीं है कि कबीर के घर ईद-बकरीद मनती थी, गोवध होता था और शेख़-पीर की मान्यता थी। पीपा ने कहा है कि—''जाकै ईद बकरीद नित गऊ रै बध करै। / मानियै सेख सहीद पीर॥'' अनंतदास ने भी *परचई* में कबीर को मुसलमान कहा है। उनकी पंक्ति है कि ''मुसलमान हमारी जाती हूँ, माला पाऊँ कैसी भाँति।'' कबीर ने अपनी एक रचना में पूर्व जन्म में ब्राह्मण होने की इच्छा व्यक्त की है। वे कहते हैं कि—''पूरब जनम हम ब्राह्मण होते ओछे करम तपहीना। रामदेव की सेवा चूका पकरि जुलाहा कीना।'' यह उल्लेख भी कबीर के जन्म से मुसलमान होने की ओर ही संकेत करता है। कुछ विद्वानों की यह धारणा कि यह पंक्ति *बीजक* में नहीं है, इसलिए प्रक्षिप्त है, सही नहीं है, क्योंकि यह पंक्ति और ग्रंथों के अलावा 1582 ई. की फतेहपुर की पांडुलिपि *पद सूरदास जी का* में भी मिलती है, जिसकी प्राचीनता के संबंध में कोई विवाद नहीं है। *भक्तमाल* में भी रामानंद से दीक्षा पाने के प्रकरण में कबीर को 'मलेच्छ' कहा गया है। जहाँ तक कबीर के हिन्दू परंपरा की समझ और ज्ञान का संबंध है, तो पुरुषोत्तम अग्रवाल ने माना है कि कबीर के समय में किसी मुसलमान का हिन्दू परंपरा में होना असाधारण नहीं था, जैसा कि आज माना जाता है। कबीर का हिन्दू परंपरा में होना उनके 'नवधर्मांतरित' मुसलमान जुलाहे परिवार में उत्पन्न होने के कारण भी था, जिसमें हिन्दू अभी संस्कार बचे हुए थे।

कबीर का जन्म काशी में हुआ और उन्होंने अपने जीवन का अधिकांश समय यहीं व्यतीत किया, लेकिन इस सम्बन्ध में भी विद्वान् एकमत नहीं हैं। काशी के अलावा मगहर और आज़मगढ़ के बेलहरा गाँव को कबीर का जन्मस्थान माना जाता है। *बनारस गज़ट* में उल्लेख है कि कबीर का जन्म बेलहरा अथवा बेलहर गाँव में हुआ। बेलहरा में एक पोखर भी है और चंद्रबली पांडेय के अनुसार वहाँ पर जुलाहों की बस्ती के भी अवशेष मिलते हैं। कबीर ने एकाधिक बार अपने को जुलाहा और बनारस का रहने वाला बताया है। उन्होंने लिखा है कि ''तू ब्राह्मण मैं

काशी का जुलाहा।'' अनंतदास ने भी *परचई* में उनको काशीवासी ही माना है। वे लिखते हैं कि ''कासी बसै कबीरा एक हरि भगतनि की पकड़ी टेक।'' *आदिग्रंथ* में भी इसी तरह का उल्लेख है, जिसमें कहा गया है कि ''पहले दर्शन मगहर पायो पुनि काशी बसे आई।'' वैसे इस पंक्ति के एकाधिक निहितार्थ भी किए गए हैं। कुछ विद्वानों के अनुसार इसका आशय यह है कि उनका जन्म मगहर में हुआ और फिर वे काशी में आकर बसे। वैसे यह तो लगभग मान्य है कि कबीर जीवन के अंतिम चरण में मगहर चले गए थे और उनका निधन भी यहीं हुआ।

रामानंद कबीर के गुरु थे, लेकिन इस संबंध में भी विद्वानों में मतैक्य नहीं है। जी.एच. वेस्टकॉट ने *कबीर एंड कबीर पंथ* (1907 ई.) में मुहम्मद गुलाम सरवर *ख़ज़ीनात-उल-आस.फ़िया* का एक संदर्भ दिया है, जिसके अनुसार सूफ़ी शेख तक़ी कबीर के गुरु थे। ग़ुलाम सरवर के अनुसार, ''शेख़ कबीर जोलाहा शेख़ तक़ी के मुरीद और ख़लीफ़ा थे। वह पहले मनुष्य थे, जिन्होंने ईश्वर और उनकी सत्ता के विषय में हिन्दी में लिखा। धार्मिक सहिष्णुता के कारण हिन्दू एवं मुसलमान, दोनों ने उन्हें मान दिया। हिन्दुओं ने उन्हें भगत और मुसलमानों ने उन्हें पीर कहा। उनकी मृत्यु सन् 1594 ई. में हुई।'' विद्वान् इस संबंध में एक मत हैं कि कबीर औपचारिक रूप से शिक्षित नहीं थे—उन्होंने स्वयं भी एकाधिक स्थानों पर अपने अशिक्षित होने का ज़िक्र किया है। उन्होंने लिखा है—''मसि कागद छूयो नहीं, कलम गही नहीं हाथ।'' रामानंद के उनके गुरु होने के संबंध में सदियों से यह जनश्रुति प्रचलित है कि जब रामानंद ने उन्हें मुसलमान होने के कारण शिक्षा देने से मना कर दिया, तो वे एक दिन ब्रह्ममुहूर्त में गंगा घाट की सीढ़ियों पर लेट गए। स्नान करके लौटते हुए रामानंद का पाँव जब कबीर पर पड़ा, तो उनके मुँह से 'राम' शब्द निकला। कबीर ने मान लिया कि रामानंद ने उनका शिष्यत्व स्वीकार कर लिया है। कबीर की कुछ रचनाओं में यह उल्लेख है कि—''काशी में हम प्रकट आये हैं, रामानंद चेताए'', लेकिन कुछ विद्वानों को इस धारणा की प्रामाणिकता पर संदेह है। धर्मवीर सहित कुछ विद्वानों के अनुसार कबीर के रामानंद के शिष्य होने का उल्लेख कबीर के जीवन में बहुत बाद में जोड़ा गया। स्ट्रैटन हौली ने इस धारणा का समर्थन किया है। उन्होंने लिखा है—''ठाकुर ने क्षितिमोहन सेन द्वारा उपलब्ध करवायी कविताओं का अनुवाद करते हुए एक कविता में रामानंद को पाया और उन्हें आश्वस्त कर दिया कि गुरु-शिष्य का संबंध एक ऐतिहासिक तथ्य है।'' हौली का निष्कर्ष इस संबंध

में यह है कि ''मुझे तो निचली जातियों के उन आलोचकों का साथ देना पड़ेगा, जो यह मानते हैं कि रामानंद-कबीर के बीच का संपर्क महज़ पवित्रतावादी हस्तक्षेप था—कबीर को अपनी जड़ों से काटने का तरीका।'' सदियों से लोक में विख्यात है कि कबीर रामानंद के शिष्य थे। कबीर पंथ की स्मृति में यही है और नाभादास के *भक्तमाल*, उसकी प्रियादास की *टीका, भक्तिरस बोधिनी* अनंतदास की *परचई* और मोहसिन फ़ानी कृत *दाबिस्तान-ई-मज़ाहिब* (1598 ई.) भी इसकी पुष्टि करते हैं। हजारीप्रसाद द्विवेदी और पुरुषोत्तम अग्रवाल ने कबीर और रामानंद का गुरु-शिष्य संबंध सिद्ध किया है। हजारीप्रसाद द्विवेदी ने लिखा है कि सभी परंपराएँ इस बात का समर्थन करती हैं कि ''कबीरदास का रामानंद के साथ संबंध था।'' उन्होंने इस संबंध में आगे और लिखा कि ''रामानंद के प्रधान उपदेश अनन्य भक्ति को कबीर ने शिरसा स्वीकार कर लिया था।'' कमोबेश यही बात पुरुषोत्तम अग्रवाल ने भी कही है। उनका मानना है कि रामानंद और कबीर गुरु-शिष्य संबंधी पारंपरिक सर्वसम्मति को प्रश्नाहत औपनिवेशिक ज्ञानकांड ने किया, अन्यथा यह सदियों से मान्य और सिद्ध है कि रामानंद कबीर के गुरु थे।

अधिकांश धारणाओं के अनुसार, कबीर की मृत्यु 1518 ई. में मगहर में हुई। उनकी मृत्यु के संबंध में दो उल्लेख मिलते हैं। पहले उल्लेख में उनका निधन 1448 ई. (वि.सं.1505) माना गया है। उल्लेख यह है कि ''संवत् पंद्रह सौ और पाँच सौ मगहर किया गमन / अगहन सुदी एकादशी, मिले पवन में पवन।'' दूसरे उल्लेख ''संवत् पंद्रह सौ पछत्तरा, कियो मगहर को गवन। माघ सुदी एकादशी रलो पवन में पवन'' के अनुसार उनका निधन 1518 (वि.सं. 1575) में हुआ। विद्वानों की राय में कबीर का निधन 1448 ई. के बजाय 1518 ई. में ही हुआ होगा। धर्मदास ने उनकी साखियों का जो संकलन किया है वो 1463 ई. का है। गुरुनानक ने कबीर की साखियों और पदों को *आदिग्रंथ* में सम्मिलित किया था। गुरुनानक का समय जी.एच. वेस्टकॉट के अनुसार 1469-1509 ई. है और नानक जब 27 वर्ष के थे, तब उनकी भेंट कबीर से हुई थी। सिकंदर लोदी ने *भक्तमाल* और कबीरपंथियों की स्मृति के अनुसार कबीर पर अत्याचार किए थे, जिसका कार्यकाल 1448-1518 ई. है। कबीर के 1518 ई. में निधन का तालमेल इन सभी तिथियों के साथ बैठ जाता है। उनका निधन मगहर में हुआ, इस संबंध में लगभग मतैक्य है। ऐसी जनश्रुति है कि काशी में निधन से स्वर्ग

मिलता है, इसका खंडन करने के लिए कबीर जीवन के अंतिम चरण में मगहर चले गए। उनके एक पद में उल्लेख है कि ''जो काशी तन तजै कबीरा तौ रामहि कहा निहोरा रे।'' मगहर में उनके निधन का उल्लेख *आदिग्रंथ* में भी आता है। उसमें कहा गया है कि ''बहुत बरस तप किया कासी। मरनु गया मगहर को बासी।'' कबीर के निधन के संबंध में एक जनश्रुति प्रसिद्ध है, जिसके अनुसार अंत्येष्टि के समय हिन्दू और मुसलमान उन्हें अपने से संबंधित मानकर उनको जलाने या दफ़नाने पर अड़ गए। अंतत: उनका शव फूलों में बदल गया, जिन्हें बाँटकर हिन्दुओं ने जलाया और मुसलमानों ने दफ़नाया।

कबीर गृहस्थ थे, वे कोई गृहत्यागी संत-महात्मा नहीं थे, इसकी पुष्टि उनकी रचनाओं से होती है। उनकी रचनाओं से लगता है कि वे श्रम करते थे। जनश्रुतियों के अनुसार लोई उनकी शिष्या या पत्नी थी और कमाल और कमाली उनके पुत्र-पुत्री थे। कबीर की कुछ रचनाएँ लोई को संबोधित हैं, जिनका समाहार 'कहत कबीर सुनहु रे लोई' से होता है। कबीर ने स्त्री की निंदा बहुत की है—यह निंदा घृणा और हिकारत की सीमा तक है। लोई के जन्म के संबंध में भी एक जनश्रुति का उल्लेख जी.एच. वेस्टकॉट ने किया है, जिसके अनुसार लोई एक वनखंडी वैरागी की पालिता कन्या थी, जो कबीर से प्रभावित होकर उनके साथ रहने लग गयी। कमाल के संबंध में प्रसिद्ध है कि वह कबीर से अलग मार्ग पर चला। कबीर की एक साखी, जिसके उनकी होने में संदेह है, में कहा गया है कि ''डूबा वंश कबीर का उपना पूत कमाल। हरि का सुमिरन छाँड़ि के, घर ले आया माल।'' कबीर के दो शिष्य—धर्मदास और सुरतगोपाल हुए। धर्मदास के संबंध में प्रसिद्ध है कि वे बनिया थे। बाद में उन्होंने छत्तीसगढ़ में कबीरपंथ की अलग शाखा की स्थापना की, जबकि काशी में सुरतगोपाल कबीर के उत्तराधिकारी हुए। कबीर ने देशाटन भी पर्याप्त किया। आचार्य क्षितिमोहन सेन ने उनकी गुजरात और अबुल फ़ज़ल ने उनकी जगन्नाथपुरी यात्रा का उल्लेख किया है। इसी तरह *ख़ुलासातुत्तवारीख़* में उनकी रतनपुर, *आदिग्रंथ* में गोमती, मराठों के इतिहास में पंढरपुर यात्रा का उल्लेख मिलता है। दोनों धर्मों के विरुद्ध उग्र विचारों के कारण हिन्दू-मुसलमानों द्वारा उनके उत्पीड़न की कई मानवीय-अतिमानवीय कथाएँ जनसाधारण में प्रचलित हैं। उनके समय के शासक सिकंदर लोदी द्वारा उनके उत्पीड़न की कथाएँ *भक्तमाल*, उसकी प्रियादास की टीका *भक्तिरस बोधिनी* और अनंतदास की *कबीर की परचई* में मिलती हैं।

2

कबीर अपने समय में प्रचलित धर्मों और बाह्याचारों के बहुत मुखर आलोचक और विरोधी थे। हजारीप्रसाद द्विवेदी ने भी उनकी इस विशेषता पर खास ज़ोर दिया है। उन्होंने लिखा कि ''कबीरदास बहुत कुछ को अस्वीकार करने का अपार साहस लेकर अवतीर्ण हुए थे।'' विरोध का कबीर का स्वर बहुत आक्रामक और उग्र भी है। दरअसल उनकी अपनी दार्शनिक और आध्यात्मिक मान्यताएँ इसी उग्र और आक्रामक प्रतिरोध में से फूटती हैं। हिन्दू बाह्याचारों के प्रति वे बहुत निर्मम हैं—उनमें भी ख़ासतौर पर ब्राह्मण बाह्याचारों की निरर्थकता की ओर उन्होंने बार-बार ध्यान आकृष्ट किया है। उन्होंने कहा है कि ''ब्राह्मण गुरु जगत का, साधु का गुरु नाहिं। उरझि-उरझि करि मरि रह्या चारिउँ वेदाँ माहिं।'' अर्थात् ब्राह्मण जगत का गुरु है, लेकिन वह साधु का गुरु नहीं है। वह चारों वेदों में उलझकर मर गया है। हिन्दुओं में भी ख़ासतौर पर कबीर शाक्तों के प्रति बहुत आक्रामक हैं। उन्होंने शाक्तों को 'सुअर' तक कहा है। वे कहते हैं कि ''साकत से सूकर भला, सूचा राखे गाँव / बूडा साकत बापुडा, बैसि समरणी नाँव।'' अर्थात् शाक्त से तो सुअर अच्छा है, जो गाँव को साफ़ रखता है। बेचारा शाक्त स्मरण की नाव में बैठकर डूब गया। कई बार बाह्याचारों के प्रति उनका रुख उपहास का है। एक साखी में वे कहते हैं कि ''करता दीसै कीरतन, ऊँचा करि करि तूंड। जाँणे बूझे कुछ नहीं, यों ही आँधा रूंड।'' अर्थात् तूंबरा ऊँचा कर-करके कीर्तन करता हुआ दिखाई पड़ता है, लेकिन वह रुंडमुंड अंधा है, जो जानता-समझता कुछ नहीं है। कुछ विद्वानों ने उनको 'वैष्णव' कहा है, लेकिन कबीर उनके संबंध में भी उतने ही निर्मम हैं, जितने वे पंडित या शाक्त के प्रति हैं। वे एक साखी में कहते हैं कि ''बेसनों भयो तो क्या भया, बूझा नहीं विवेक। / छापा तिलक बनाई करि, दगध्यां लोक अनेक' अर्थात् वैष्णव हुए, तो क्या हुआ यदि विवेक नहीं है। केवल छापा-तिलक लगाकर कई लोक जला दिए। मुसलमानों के प्रति भी उनका नज़रिया बहुत कटु और आलोचनात्मक है। काजी और मुल्ला के लिए उनकी टिप्पणियाँ बहुत तीखी हैं। एक साखी में वे कहते हैं कि ''यह सब झूठी बंदगी, बरियाँ पंच निवाज। साचै मारै झूठि पढ़ि काजी करै अकाज।'' अर्थात् यह सेवा-बंदगी और पाँच बार नमाज़ झूठ है। सत्य की हत्या और झूठ का बखान करके काजी वह करता है, जो उसे नहीं करना चाहिए। एक जगह वे और कहते हैं कि ''काजी, मुला, भ्रमियाँ, चल्या दुनीं के साथि। दिल

में दीनबिसारिया, करद लई जब हाथि॥'' अर्थात् दुनिया के साथ चलने वाले काजी-मुल्ला भ्रमित हैं। उन्होंने छुरी हाथ में लेकर धर्म का विस्मरण कर लिया है। बाह्याचारों में कबीर ने अपने पूर्ववर्ती हठयोगियों को भी नहीं छोड़ा। उन्होंने लिखा कि ''आसन मार डिंभ धर बैठे मन में बहुत गुमाना।'' अर्थात् आसन मार कर दंभ करता है और मन में बहुत अभिमान है।

3

कबीर का अध्यात्म का अनुभव सीधे-सीधे कहीं से लिया हुआ नहीं है। यह केवल औपनिषदिक या सूफ़ी या वैष्णव अध्यात्म नहीं है। दरअसल कबीर का यह अनुभव सत्संग और अभ्यास से अर्जित और उनका अपना है और ख़ूब अच्छी तरह पकाया और पचाया हुआ है। विद्वान् उनके आध्यात्मिक अनुभव को किसी सुव्यवस्थित दार्शनिक व्यवस्था के अंतर्गत नहीं मानते। रामचंद्र शुक्ल के अनुसार, ''कबीर के विचारों में कोई दार्शनिक व्यवस्था दिखाने का प्रयास व्यर्थ है।'' हजारीप्रसाद द्विवेदी ने उनके अनुभव को एक दार्शनिक व्यवस्था में समझने का प्रयास किया है। उनके अनुसार यह रामानंद से प्रभावित है, लेकिन 'नाथपंथी' दार्शनिक व्यवस्था में है। कबीर के आध्यात्मिक अनुभव सीधे भारतीय वेदांत या औपनिषदिक या इस्लामी एकेश्वरवाद और सूफ़ी रहस्यवाद के प्रभाव में नहीं हैं। *वन हंड्रेड पोयम्स ऑफ़ कबीर* की भूमिका लिखनेवाली रहस्यवाद की विख्यात अध्येत्री एलविन अंडरहिल ने लिखा कि ''इन कविताओं के रचयिता के बारे में यह कहना मुश्किल है कि वह ब्राह्मण था या सूफ़ी, वेदांती था या वैष्णव; क्योंकि उसने ख़ुद अपने बारे में कहा है कि वह एक साथ अल्लाह और राम की संतान है।'' कबीर पढ़े-लिखे नहीं थे, उन्हें शास्त्रज्ञान भी नहीं था, लेकिन वे बहुश्रुत थे और जो उन्होंने सुना उसको उन्होंने अपने अनुभव में उतारा-पचाया और अपनी अलग बात कही। रामकुमार वर्मा के अनुसार, ''यद्यपि कबीर निरक्षर थे तथापि वह ज्ञान शून्य नहीं थे। उनके सत्संग, पर्यटन और अनुभव आदि ने उनको बहुत ऊपर उठा दिया था।'' उनकी धारणाएँ और विश्वास इसलिए अलग और ख़ास तरह के हैं। वे अपने समय के प्रचलित धर्मों के सख़्त खिलाफ़ थे, इसलिए उनकी धारणाओं का इनसे अलग और ख़ास होना बहुत स्वाभाविक है। यह अवश्य है कि रामानंद की शिक्षाओं और उपदेशों को उन्होंने बहुत मनोयोग और गहराई से आत्मसात किया।

कबीर के लिए ससीम और असीम में कोई भेद नहीं है। उनके अनुसार जीव में ब्रह्म और ब्रह्म में जीव है—ये अलग हैं, फिर भी सदैव एक हैं। उन्होंने इसको बहुत संक्षेप और सरल शब्दों में कई तरह से कहा है। वे कहते हैं कि ''जल में कुंभ, कुंभ में जल है, बाहरी भीतरी पानी / फूटा कुंभ जल जलहिं समाना, यह तत कथौ गियानी।'' अर्थात् जल में घड़ा और घड़े में जल है। घड़े के फूटने पर जल, जल में विलीन हो जाता है। उन्होंने इस संबंध को हिम और जल के संबंध में भी व्यक्त किया है। वे कहते हैं कि ''पाँणी ही तें हिम भया, हिम है गया बिलाइ। जो कुछ था सोई भया, अब कछू कह्या न जाइ॥'' अर्थात् पानी से हिम बना। हिम जब पिघल गया, तो वह जैसा था वैसा हो गया। कबीर के लिए असीम या ब्रह्म की प्रतीति या अनुभव अनिर्वचनीय है। कबीर को ब्रह्म का अनुभव या प्रतीति तो है, लेकिन वे इसे व्यक्त करने में असमर्थ हैं। उन्होंने इस अनुभव को 'गूंगा केरा सरकरा' अर्थात् गूंगे के गुड़ के स्वाद के अनुभव के समान कहा है। उन्होंने एक साखी में अपने इस अनुभव के संबंध में कहा है कि ''भारी कहौं तौ बहु डरौ, हलका कहूँ तो झूठ। / मैं का जाणौ राम हूं, नैन कबहूँ न दीठ।'' कबीर इसके संबंध में और कहते हैं कि—''दीठा है तो कस कहूँ, कह्या न को पतियाइ। / हरि जैसा है तैसा रहौ तू हरषि हरषि गुण गाइ।'' कबीर का यह ब्रह्म सीमातीत और गुणातीत है। उन्होंने इसके संबंध में कहा है कि ''जाकै मुह माथा नहीं, नहीं रूपक रूप। / पुहुप बास ते पातला ऐसा तत अनूप।'' कबीर का आत्म इस ब्रह्म के निरंतर वियोग में है—और ख़ास बात यह है कि कबीर का यह वियोग स्त्री-पुरुष संबंध के रूपक में है। कबीर ने ब्रह्म के लिए अपनी आत्मा के इस विरह को अपने को स्त्री मानकर कई तरह से व्यक्त किया है। एक साखी में वे अपनी इस वेदना को व्यक्त करते हुए कहते हैं कि ''बासुरि सुख नाँ रैण मुख, ना सुख सुपनै माँहि। कबीर बिछुट्या राम सूँ, ना सुख धूप न छाँह।'' अर्थात् न दिन सुख है, न रात में और न ही सपने में। कबीर राम से बिछड़ा हुआ है, उसे धूप-छाँह कहीं भी सुख नहीं है। ब्रह्म से संयोग या साक्षात्कार का उनका अनुभव स्त्री अनुभव है। उनका एक बहुत प्रसिद्ध पद इस संबंध में खासतौर पर द्रष्टव्य है—

दुलहनी गावहु मंगलाचार,
हम घरि आए हो राजा राम भरतार॥टेक॥

आत्मा और परमात्मा के संयोग में माया बाधास्वरूप है। यह बात कबीर ने कई बार, कई तरह से कही है। माया उनके अनुसार वह आवरण है, जो आत्म के ब्रह्म के रूप में प्रतीति या अनुभव में बाधा है। कबीर ने कहा है कि ''कबीर माया पापणी, फंद ले बैठि हाटि। सब जग तो फंधै पडा, गया कबीरा काटि।'' अर्थात् माया पापिनी और बाज़ार में फंदा लेकर बैठी है। संपूर्ण संसार उसके फंदे में पड़ गया है, जबकि कबीर ने यह फंदा काट दिया है। कबीर ने और कहा है कि ''कबीर माया मोहनी, जैसी मीठी खांड। सतगुरु की कृपा गयी, नहीं करती भांड।'' अर्थात् माया मोहिनी शक्कर की तरह मोहक है। सतगुरु की कृपा हो गयी नहीं तो यह मुझे भी भाँड कर देती।

कबीर की साधना नाथपंथ की हठयोग की साधना है। उनकी रचनाओं और इनमें भी ख़ासतौर पर उनकी उलटबाँसियों में प्रयुक्त शब्दावली और रूपक इस तथ्य की पुष्टि करते हैं। हजारीप्रसाद द्विवेदी ने इस साधना पद्धति का विवरण दिया है। हठयोग के अनुसार महाकुंडलिनी शक्ति रूप में संपूर्ण सृष्टि में व्याप्त है और जब यह शक्ति व्यक्ति में व्यक्त होती है, तो इसको कुंडलिनी कहा जाता है। मनुष्य का मेरुदंड पायु और उपस्थ के मध्य में स्थित अग्निचक्र पर जाकर लगता है और वहीं पर सर्पाकार कुंडलिनी स्थित है, जिसके क्रमशः मूलाधार, मणिपुर, अनाहत, विशुद्धाख्य और आज्ञा चक्र हैं। अंत में मस्तिष्क में सहस्त्रदल कमलवाला शून्य चक्र है। मेरूदंड में प्राणवायु का वहन करने वाली कई नाड़ियों में से दो—इड़ा और पिंगला हैं। इन दोनों के बीच तीसरी सुषम्ना हैं। सामान्यतः मनुष्य में कुंडलिनी अधोमुख रहती है, जब वह इसको ऊर्ध्वमुख करता है, तो जो स्फोट होता है, उसको 'नाद' कहते हैं। जीव इड़ा और पिंगला के अधीन है और साधक से अपेक्षा की जाती है कि वह सुषम्ना के मार्ग पर चले। सुषम्ना ही वह नाड़ी है, जो कुंडलिनी को जाग्रत कर उसे उर्ध्वमुख करती है। कुंडलिनी के

शून्य या सहस्रार चक्र में पहुँचने पर अनहद नाद सुनायी पड़ता है। फिर धीरे-धीरे यह स्वर मंद होता जाता है और आत्मा अपने स्वरूप में स्थित हो जाती है। कबीर की कविता में हठयोग की यह प्रक्रिया कई तरह के प्रतीकों, बिंबों और रूपकों में व्यक्त हुई है। कबीर की अधिकांश उलटबाँसियों के निहितार्थ हठयोग की इसी साधना में खुलते हैं। कबीर की साखियों में इड़ा, पिंगला, त्रिकुटी, कँवल, शून्य, गगन, अधर, ऊर्ध्व, सुषम्ना आदि हठयोग की शब्दावली का बहुतायत से प्रयोग हुआ है। कुछ उदाहरण इस प्रकार हैं—(1) ''ओहं सोहं बाजा बाजै त्रिकुटी सूरत समानी'' और (2) ''इड़ा पिंगला सुषमन सीधे सुन धुजा फहरानी।'' कबीर ने साधना की अंतिम 'उन्मन' अवस्था का वर्णन भी इसी तरह से किया है, जिसके कुछ उदाहरण इस प्रकार हैं—(1) ''कबीर तेज अनंत का मानौ ऊगी सूरज सेणि'', (2) ''कबीर मोती नीपजै, सुन्नि सिवर गढ माँहि'', (3) ''कबीर कवल प्रकासिया, ऊग्या निर्मल सूर'' और (4) ''रस गगन गुफा में अजर झरै।''

4

कबीर की 'निरभय' या 'अनभय' वाणी केवल उनका दंभ नहीं है। यह पंद्रहवीं-सोलहवीं सदी के बनते-बदलते समाज के खाद-पानी में उगी और फली-फूली हुई है। पंद्रहवीं-सोलहवीं सदी तक पहुँचते-पहुँचते अधिकांश धार्मिक परम्पराएँ अपनी जीवंतता खो चुकी थीं। धर्म, जो भारतीय जनसाधारण के जीवन व्यवहार में निर्णायक तत्त्व था, अब बाह्याचारों में सीमित होकर लगभग ठहर गया था। वर्णाश्रम धर्म और इस्लाम, दोनों में मनुष्य की समता और स्वतंत्रता के लिए गुंजाइश बहुत कम रह गयी थी। समाज में इनके विरुद्ध अलग-अलग तरह से प्रतिरोध के स्वर मुखर हो रहे थे। कबीर का निर्भय स्वर इसी प्रतिरोध चेतना का समेकित रूप है। हजारीप्रसाद द्विवेदी ने माना है कि कबीर जिस जुलाहा समाज से थे उसमें यह चेतना बहुत पहले से थी। वयनजीवी या कोरी जाति का यह समूह वर्णाश्रम व्यवस्था, ब्राह्मण वर्चस्व और नियमन से मुक्त हो गया था। मुसलमानों के आने के बाद इस समाज ने इस्लाम स्वीकार कर लिया था और 'बृहत्तर हिन्दू समाज की दृष्टि से ये नीच और अस्पृश्य थे।' कबीर की प्रतिरोध की चेतना के लिए उर्वर ज़मीन इसी समाज ने दी है। पुरुषोत्तम अग्रवाल ने भारतीय समाज की इस चेतना को व्यापक परिप्रेक्ष्य में देखा-समझा है। उनके अनुसार, ''कबीर

की कविता व्यापारियों और दस्तकारों की सामाजिक आकांक्षाओं को सृजनात्मक धरातल और आध्यात्मिक मुहावरा देने वाली कविता है।'' दरअसल दसवीं सदी के भारतीय समाज में उस समय तक अवरुद्ध व्यापारिक गतिविधियों का फिर से विस्तार शुरू हुआ और पंद्रहवीं सदी तक आते-आते ये अपने चरम पर पहुँच गया। व्यापारिक गतिविधियों के इस विस्तार से दस्तकारों और व्यापारियों में सम्पन्नता बढ़ी और इस सम्पन्नता से उनको अपनी सामाजिक आकांक्षाओं को खुलकर व्यक्त करने का साहस आया। कबीर और कबीर की तरह निर्भय कहने वाले अधिकांश संत-भक्त इन्हीं दस्तकार और व्यापारी जातियों से थे। पुरुषोत्तम अग्रवाल ने इसे अधिक अच्छी तरह से स्पष्ट किया है। वे लिखते हैं कि ''दसवीं सदी से व्यापार का जो पुनरोदय हो रहा था, कबीर के समय तक वह काफ़ी आगे बढ़ चुका था। व्यापारियों, दस्तकारों की आर्थिक ताक़त और सामाजिक हैसियत बढ़ रही थी। नगर विकसित हो रहे थे, भक्ति का लोकवृत्त प्रभावी भूमिका निभा रहा था। कबीर और उनके जैसे अन्यों के आत्मविश्वास का संरचनात्मक कारण यही था कि चंद ब्राह्मण और मौलवी जो भी कहते रहें, कबीर जैसे लोग इस वक़्त हाशिए की आवाज़ नहीं, समाज के महत्त्वपूर्ण तबकों व्यापारियों और दस्तकारों की आवाज़ बन चुके थे। कबीर का आत्मविश्वास केवल उनकी संवेदना नहीं, भारतीय समाज के ऐतिहासिक विकास का भी परिणाम था।''

5

कोई भी संत-भक्त सचेत कवि नहीं होता, कबीर भी सचेत कवि नहीं थे, लेकिन कवित्व अनायास उनके संत स्वभाव का हिस्सा था। कबीर को समाज-सुधारक और साधु मानकर अक्सर कुछ विद्वान् उनको कवि का दर्जा देने में संकोच करते हैं। रामचंद्र शुक्ल के अनुसार, ''कबीर की बानी उपदेश देती है, भावोन्मेष नहीं करती।'' हजारीप्रसाद द्विवेदी कबीर को धर्मगुरु और संत के साथ कवि भी मानते हैं। उनके अनुसार, ''कबीर धर्मगुरु थे, इसलिए उनकी वाणी का आध्यात्मिक रस ही अस्वाद्य होना चाहिए,'' लेकिन वे यह भी कहते हैं कि ''वाणी के ऐसे बादशाह को साहित्य रसिक काव्यानंद का आस्वादन करानेवाला भी समझें तो उन्हें दोष नहीं दिया जा सकता।'' लिंडा हैस ने कबीर को प्राथमिक रूप में कवि माना है और पुरुषोत्तम अग्रवाल ने कबीर की वाणी में निहित 'प्रेम' और 'रूपासक्ति' के आधार पर उनको कवि सिद्ध किया है। यह सही है कि कबीर के पास कवि

होने की औपचारिक अर्हता नहीं थी, लेकिन जिस अनुभव, लोक व्यवहार और सत्संग से वे अपना अध्यात्म आविष्कृत करते हैं, उसी तरह वे कविताई भी अर्जित करते हैं। उन्हें अपनी बात कहने-सुनाने के लिए कवि की अतिरिक्त सजगता की ज़रूरत नहीं पड़ती। हजारीप्रसाद द्विवेदी ने लिखा है कि ''उनकी छंद योजना, उक्ति वैचित्र्य और अलंकार विधान पूर्ण रूप से स्वाभाविक और अयत्नसाधित है।'' जहाँ तक उनके काव्यरूप साखी और पद का सवाल है, तो इनकी स्मृति संस्कार, अभ्यास उनमें परम्परा से है। साखी और पद का व्यवहार सिद्धों-नाथों के यहाँ भी था और भक्ति आंदोलन के दौरान सभी इसका इस्तेमाल कर रहे थे। पद का संगीत में नियोजन भी कबीर के यहाँ पारम्परिक है, इसलिए अनायास है। रूपक कबीर के संत कवि स्वभाव में है। उनकी साखियाँ कई बार रूपक में ढलकर आती हैं; जैसे—''साईं मेरा बाणियाँ सहज करै व्यौपार। / बिन डांडी बिन पालडै तौले सब संसार॥'' इसी तरह के उदाहरण और इसी प्रकृति के दूसरे अलंकार उनकी कविता में बहुत हैं। उनकी वाणी में उदाहरण या दृष्टांत उनके जीवनानुभव से आते हैं। उदाहरण के उनके यहाँ कई रूप हैं। एक उदाहरण इस तरह है—''नाँ गुरु मिल्या, न सिष भया, लालच खेल्या दाव। / दोनों बूड़े धार में चढ़ि पाथर की नाव॥'' कबीर के यहाँ कवित्व उनके कथन में है। उनके कथन इस तरह व्यंजनामय हैं कि ये सहज ही सामान्य से असामान्य हो जाते हैं। एक उदाहरण इस तरह है—''जेते तारे रैणि के, तेते बैरी मुझ। / धड़ सूली सिर कंगूरै, तउ न बिसारो तुझ॥'' कबीर के यहाँ शब्दों का एकाधिक अर्थ छवियों के साथ प्रयोग अक्सर मिलता है और यह उनकी कविता में कवित्व डाल देता है। कबीर ऐसे प्रयोग भी अनायास करते है। इन उदाहरणों में कुछ ऐसा ही हुआ है—(1)''कबीर किया कुछ न होत है, अनकिया सब होइ। / जो कुछ किया कुछ होत है, तो करता और कोइ॥'' और (2)''हूँ रोऊँ संसार कौ, मुझे न रौवे कोइ। / मुझको सोई रोइसी, जे राग सनेहो होइ॥''

कबीर की भाषा पंद्रहवीं-सोलहवीं सदी में संत-भक्तों द्वारा प्रयुक्त वह भाषा है, जो कुछ क्षेत्रीय वैशिष्ट्य के तमाम उत्तर भारत में इस्तेमाल हो रही थी। ख़ासतौर पर साधु-संतों में इसी भाषा का व्यवहार था। कबीर ने ख़ुद अपनी वाणी लिपिबद्ध नहीं की। इसको लिपिबद्ध उनके शिष्यों या भक्तों ने ही किया होगा। उनकी रचनाएँ 'श्रुत' से 'लिखित' हुई हैं, इसलिए इनमें कुछ फेरफार संभव है और यह बहुत स्वाभाविक भी है। कुछ विद्वानों ने कबीर की भाषा को

'बेठिकाने' की कहा है। कबीर ने स्वयं अपनी भाषा को 'पूरबी' कहा है। वे लिखते हैं कि—''मेरी बोली पूरबी, ताइ न चीन्हे कोई। / मेरी बोली सो लखै, जो पूरब का होई॥'' विद्वानों की राय उनकी भाषा के संबंध में अलग-अलग प्रकार की है। श्यामसुंदर दास ने इसको 'पंचमेल खिचड़ी' और रामचन्द्र शुक्ल ने 'सधुक्कड़ी' कहा है। कबीर की उपलब्ध सबसे प्राचीन फतेहपुर की पांडुलिपि *पद सूरदासजी* का 1582 ई. की है, इसलिए इसकी भाषा को उनकी अपनी भाषा के आस-पास समझा जाना चाहिए। इसे 'खिचड़ी' और 'सधुक्कड़ी' कहना युक्तिसंगत नहीं है—यह पन्द्रहवीं-सोलहवीं सदी में व्यवहृत भाषा है, जो अब आधुनिक भाषायी पहचानों में देखने पर हमें खिचड़ी लगती है। यह ब्रज, पूर्वी, खिचड़ी या सधुक्कड़ी भाषा नहीं है। पंद्रहवीं-सोलहवीं सदी में इसका व्यवहार कुछ क्षेत्रीय भिन्नताओं के साथ उत्तर भारत में था। कबीर के शब्द समूह में भी केवल पूर्वी या ब्रज के शब्द नहीं हैं। इसमें आज की राजस्थानी, ब्रज, बघेली आदि के पर्याप्त शब्द हैं। कबीर द्वारा प्रयुक्त सोहरा (आसान), गाडर (भेड़), साँठी (भारी), पछेवडा (चादर), डर्पतां (डरते हुए), ऊन्हां (गर्म), सिहाँरै (सिरहाने), नच्यंत (निश्चिंत), पालडै (तराजु का पल्ला) जैसे शब्द आज की राजस्थानी, मालवी, हरियाणवी आदि में भी मिलते हैं।

6

भक्ति आंदोलन में कबीर ही ऐसे संत कवि हैं, जिनकी रचनाएँ उनके अपने जीवनकाल या निधन के कुछ समय बाद ही लिपिबद्ध कर ली गयीं। यह कबीर की लोकव्याप्ति और पंथ संबद्धता के कारण संभव हुआ। लिपिबद्ध के साथ कबीर की रचनाओं की 'श्रुत' की परम्परा है और इस परम्परा की रचनाएँ भी अब लिपिबद्ध और प्रकाशित मिलती हैं। कुल मिलाकर जैसा कि हजारीप्रसाद द्विवेदी ने कहा है कि कबीर वाणियाँ इतनी अधिक हैं कि उनका ''पार पाना कठिन है।'' कबीर की प्रचलित 71 पुस्तकों की सूची हजारीप्रसाद द्विवेदी ने अपनी किताब *कबीर* में रामप्रसाद गौड़ के संदर्भ से दी है। कबीर वाणी की सबसे प्राचीनतम उपलब्ध पांडुलिपि फतेहपुर की *पद सूरदासजी* का (सूरदास के साथ इसमें कबीर और नामदेव की रचनाएँ भी संकलित हैं) है, जिसको रामदास रत्न ने 1582 ई. (वि.सं.1639) में तैयार किया। कबीर के इसमें 15 पद संकलित हैं। *आदिग्रंथ* का संकलन 1604 ई. में पूरा हुआ और इसमें भी कबीर

की 221 रचनाएँ संकलित हैं। लिंडा हैस और सुखदेव सिंह की धारणा है कि कबीर पंथियों ने *बीजक* का संकलन 17वीं सदी के उत्तरार्ध में किया और यह कबीर की रचनाओं का पहला 'सुगठित, लिखित और सबसे पुराना संकलन' है। श्यामसुंदर दास ने नागरी प्रचारिणी सभा की 1504 ई. (वि.सं.1561) और 1824 ई. (वि.सं.1881) दो प्रतियों के आधार पर *कबीर ग्रंथावली* का संपादन किया, जिसमें *आदिग्रन्थ* की रचनाएँ भी अलग से सम्मिलित की गयी हैं। कबीर का निधन 1518 ई. में हुआ है, तो यह ग्रंथावली कबीर के जीवित रहते ही लिपिबद्ध हुई लगती है। माताप्रसाद गुप्त की प्रेमदास उतराधा की 1705 ई. की पाण्डुलिपि को आधार बनाकर तैयार की गयी *ग्रन्थावली* कमोबेश श्यामसुन्दर दास की *ग्रन्थावली* जैसी ही है। आचार्य क्षितिमोहन ने कबीर की रचनाओं के उपलब्ध श्रुत रूप एकत्र किए और इनका *कबीर के पद* के नाम से चार खंडों में प्रकाशन हुआ। इन्हीं पदों में से रवीन्द्रनाथ ठाकुर ने 100 पद चुनकर उनका अंग्रेज़ी में अनुवाद किया और ये *वन हंड्रेड पोयम्स ऑफ़ कबीर* नाम से 1915 ई. प्रकाशित हुए।

कबीर की फतेहपुर पाण्डुलिपि और *आदिग्रन्थ* में संकलित रचनाओं की प्रमाणिकता को लेकर कोई ख़ास विवाद नहीं है, लेकिन अन्य सभी संकलनों की रचनाओं के कबीरकृत या उनकी मूल रचनाएँ होने पर विद्वानों को संदेह है। यह संदेह भारतीय और पश्चिमी, दोनों तरह के विद्वानों की ओर से है। *कबीर बीजक* की रचनाएँ, ख़ासतौर पर उसमें संकलित 'साखी' और 'शबद' हजारीप्रसाद द्विवेदी के अनुसार कमोबेश प्रमाणिक हैं। *बीजक* के सम्बन्ध में कबीर के इस कथन कि 'बीजक मत परमाना' के कबीर कृत होने पर विद्वानों को संदेह है। *बीजक* में सांप्रदायिक आग्रह के तहत कई रद्दोबदल हुए हैं। श्यामसुन्दर दास की *कबीर ग्रन्थावली* की आधार पाण्डुलिपि के 1504 ई. में लिखित होने पर हजारीप्रसाद द्विवेदी को संदेह है। कबीर की उपलब्ध और प्रचलित रचनाओं में से अधिकांश के कबीर की होने में पश्चिमी विद्वानों—विनांद कैल्वर्त्, जौन स्ट्रैटन हौली आदि को संदेह है। पश्चिमी विद्वानों का इतिहास और साहित्य के अध्ययन का जैसा अभ्यास और संस्कार है, उसमें वे 'मूल' और 'हस्तलिखित' का आग्रह करते हैं। पश्चिम में स्मृति को दस्तावेज़ में सुरक्षित करने की परम्परा थी, जबकि भारतीय मनीषा और जनसाधारण की निर्भरता 'श्रुत' पर ज्यादा है और इसकी सदियों पुरानी परम्परा है। 'श्रुत' उसकी निगाह में बहुत पवित्र है

इसलिए सच भी है। श्रुत की ख़ास बात यह है कि इसमें सुरक्षित रचनाएँ आज भी 'जीवंत' हैं। असाधारण लोक व्याप्ति वाले कबीर की रचनाओं से इसलिए हस्तलिखित और मूल के आग्रह के कोई औचित्य नहीं है। विनांद कैल्वर्त ने कबीर की रचनाओं की प्रमाणिकता के लिए अपने *दि कबीर मिलेनियम वाणी* में जो 'कोर' और शेष रचनाओं का विभाजन किया है, वो स्मृति के रखरखाव और संरक्षण की भारतीय परम्परा से अलग यूरोपीय मानकों पर आधारित है।

7

कबीर की पहचान और मूल्यांकन कई तरह से हुए हैं। कबीर के जीवन और वाणी की पहचान और समझ के संबंध में लगभग सर्वसम्मति उपनिवेशकाल में आकर विवादित हो गयी। कबीर के हिन्दू या मुस्लिम होने और उनकी वाणियों की प्रामाणिकता को लेकर विवाद उपनिवेशकाल में यूरोपीय विद्वानों एच.एच. विल्सन, जी.एच. वेस्टकॉट आदि ने शुरू किए और ये अभी भी जारी हैं। हजारीप्रसाद द्विवेदी ने इनके संबंध में बहुत पहले यह लिख दिया था कि ''इस विशेष स्वार्थ के पोषक लोग भारतीय मनीषा की न तो कोई प्रतिष्ठा देखना चाहते हैं, न आदर बर्दाश्त कर पाते हैं।'' एच.एच. विल्सन को तो कबीर के ऐतिहासिक अस्तित्व पर ही संदेह है। उनके अनुसार ''कबीर हो सकता है केवल 'जैनेरिक संज्ञा' या 'तख़ल्लुस' हो।'' आगे चलकर कबीर के संबंध में उपलब्ध सभी देशज स्रोतों को 'अफ़वाह' मानते हुए राबर्ट लाई ने भी कहा कि ''ऐतिहासिक कबीर के संबंध में जो भी कहा गया है, वो सब अफ़वाह है।'' लिंडा हैस और स्ट्रेटन हौली आदि ने ऐतिहासिक कबीर को 'अक्खड़' और 'कटुवाग्मितावाला' मानकर उनकी वाणी को उनकी केवल इस तरह के सरोकार और स्वरवाली रचनाओं तक सीमित कर दिया। वस्तुत: कबीर एक ऐतिहासिक अस्तित्व है और उनके स्वर का वैविध्य भी किसी तरह अटपटा नहीं है। कबीर के समय भक्ति का जो श्रुत रूप विकसित हुआ, उसमें जनसाधारण की आकांक्षाओं के अनुसार इस तरह का वैविध्य था। भक्ति, पूरे भक्ति आंदोलन में 'एकवचन' और 'एकरूप' कभी नहीं रही। एक ही संत-भक्त में यह कई रूपों में मौजूद थी। कबीर के 'अक्खड़' और 'कटुवाग्मितावाले' होने की धारणा भी आधारहीन है। हजारीप्रसाद द्विवेदी ने कहा है कि ''अक्खड़ता कबीरदास का सर्वप्रधान गुण नहीं है।'' कबीर की वाणी में प्रपत्तिप्रधान स्वर भी पर्याप्त है। उनकी वाणी में 'प्रेम' और 'रूपासक्ति'

इतनी है कि यह कई बार उनकी 'कटुवाग्मिता' पर भारी पड़ती है। कबीर अपने समय और समाज की पैदाइश थे। उनके समय में प्रचलित धर्मों में बाह्याचार बहुत बढ़ गया था और इस कारण ये अपने बुनियादी संकल्पों और धारणाओं से बहुत दूर निकल आए थे। जनसाधारण इन बाह्याचारों और मत-मतांतरों से दु:खी और त्रस्त था और सामाजिक ताना-बाना भी इस कारण छिन्न-भिन्न होने लगा था। कबीर ऐसे समय में मत-मतांतरों और बाह्याचारों से दु:खी और त्रस्त जनसाधारण की प्रतिरोध की चेतना और भावनाओं के वाहक और प्रतिनिधि के रूप में सामने आए। उनका अध्यात्म भी इसी प्रतिरोध में से उगा और बढ़ा। यह सही है कि कबीर का स्वर 'इतर' के प्रति बहुत उग्र और आक्रामक है, लेकिन यह प्रतिवाद और प्रतिरोध का स्वर था और इसकी मान्यता और स्वीकृति के लिए इसकी ज़रूरत थी। यह भी माना जाना चाहिए कि कबीर जो कह रहे थे, उनके समय में केवल वही समाज का मुख्य स्वर नहीं था। उनके इस स्वर का मुखर प्रतिपक्ष भी था और इस प्रतिपक्ष ने कबीर और उनके जैसे अन्यों की उग्र और आक्रामक धारणाओं का प्रतिवाद भी किया। ख़ासतौर पर जनसाधारण के लिए इनकी व्यावहारिकता और उपयोगिता पर कई सवाल खड़े किए। सूरदास इस प्रतिपक्ष के मुखर प्रवक्ता थे। कबीर के कथन में गर्व और स्वाभिमान बहुत है और कहीं-कहीं यह दंभ के रूप में है, जिसे कुछ विद्वानों ने उस समय इस तरह के साधुओं का 'अज्ञान का दंभ' कहा है। कबीर अक्सर इतर के लिए उपहास के स्वर में 'जाणे बूझै कुछ नहीं' जैसे पदों की इस्तेमाल करते हैं, जो कुछ अटपटा तो लगता है, लेकिन इनको उस समय की ज़रूरत के तहत कही गयीं उक्तियाँ ही समझा जाना चाहिए। कबीर का महत्त्व इसमें है कि उन्होंने अपने समय में प्रचलित धर्मों की जड़ता को उजागर किया और जनसाधारण को इसे पहचानने की समझ, साहस और विवेक दिया। अपना अध्यात्म उन्होंने सत्संग और अनुभव से गढ़ा। वे सचेत कवि नहीं थे, उनके जैसे संतों से यह अपेक्षा भी नहीं की जानी चाहिए, लेकिन उनका कवित्व उनके संत स्वभाव में सहज ही था।

प्रस्तुत संकलन में चयनित रचनाएँ सभी स्रोतों से ली गयी हैं। ख़ासतौर पर इसमें श्यामसुन्दर दास की *कबीर ग्रन्थावली* से सर्वाधिक रचनाएँ ली गयी हैं। हजारीप्रसाद द्विवेदी को इसके 1504 ई. में रचित होने पर संदेह है, लेकिन उनको इसके 'प्राचीन' होने पर विश्वास है और उनके अनुसार, ''इसकी प्रति जैसी सुसंपादित है वैसी और कोई पुस्तक नहीं है।'' संकलन में हजारीप्रसाद

द्विवेदी की *कबीर* के परिशिष्ट 'कबीर वाणी' में संकलित क्षितिमोहन सेन द्वारा एकत्र श्रुत परम्परा की रचनाएँ भी सम्मिलित हैं। इसी तरह कुछ दूसरे स्रोतों से कबीर की जनसाधारण में लोकप्रिय रचनाएँ यहाँ ली गयी हैं। कबीर की तीन तरह की रचनाएँ—साखी, शबद और रमैणी सदियों से चलन में हैं। भक्तमाल में कहा गया है कि ''हिन्दू तुरक प्रमान रमैनी, शबदी साखी।'' संकलन में आग्रह साखी और सबद की संख्या अधिक रखने का है, क्योंकि इनके कबीरकृत होने पर संदेह बहुत कम है। केवल दो रमैणियाँ कबीर की रचनाओं की बानगी के लिए यहाँ संकलित की गयी हैं। संकलन में 'कोर','रचना', 'उपरचना' आदि जैसा कोई विभाजन नहीं है और 'श्रुत' पर अविश्वास का पश्चिमी ज्ञानमीमांसीय आग्रह भी नहीं है। कबीर की 'अपार' वाणियों में से कुछ रचनाओं का संकलन बहुत मुश्किल काम है। यहाँ यह ध्यान रखा गया है कि संकलित रचनाएँ ऐसी हों, जो सभी संस्कार और रुचिवाले पाठकों को अच्छी लगें। आशा है, पाठकों को यह संकलन हमारी मध्यकालीन मनीषा के प्रखर और मुखर संत-भक्त कवि से रू-ब-रू करवाने वाला सिद्ध होगा।

20 मई 2022   —माधव हाड़ा

उदयपुर

साखी

गुरुदेव कौ अंग

सतगुर की महिमा, अनँत, अनँत किया उपगार।
लोचन अनँत[1] उघाड़िया, अनँत[2] दिखावणहार ॥1॥

राम नाम के पटतरे,[3] देबे कौ कुछ नाहिं।
क्या ले गुर सन्तोषिए, हौंस[4] रही मन माहिं ॥2॥

सतगुर के सदकै करूँ, दिल अपणी का साछ[5]।
सतगुर हम स्यूँ लड़ि पड़ा महकम[6] मेरा बाछ[7] ॥3॥

सतगुर मार्‌या बाण भरि, धरि करि सूधी मूठि।
अंगि उघाड़ै लागिया, गई दवा[8] सूँ फूंटि ॥4॥

हँसै न बोलै उनमनी,[9] चंचल मेल्हा मारि।
कहै कबीर भीतरि भिद्या, सतगुर कै हथियार ॥5॥

गूँगा हूवा बावला, बहरा हुआ कान।
पाऊँ थैं[10] पंगुल[11] भया, सतगुर मार्‌या बाण ॥6॥

दीपक दीया तेल भरि, बाती दई अघट्ट[12]।
पूरा किया बिसाहूणाँ,[13] बहुरि न आँवौं हट्ट[14] ॥7॥

ग्यान प्रकास्या गुर मिल्या, सो जिनि बीसरि[15] जाइ।
जब गोबिंद कृपा करी, तब गुर मिलिया आइ ॥8॥

---

1. अनंत 2. ब्रह्म 3. समान मूल्य का 4. इच्छा 5. साक्ष्य, प्रमाण 6. कचहरी, अदालत 7. रक्षक
8. दावाग्नि 9. अन्यमनस्क, संसार विरत 10. से 11. लँगड़ा 12. नहीं कम होने वाली 13. ख़रीद-
फ़रोख्त 14. बाज़ार 15. विस्मरण

जाका गुर भी अंधला, चेला खरा निरंध[1]।
अंधा अंधा ठेलिया, दून्यूँ कूप पड़ंत ॥9॥
नाँ गुर मिल्या न सिष भया, लालच खेल्या डाव।
दुन्यूँ बूड़े[2] धार मैं, चढ़ि पाथर[3] की नाव ॥10॥
चौसठ दीवा जोइ करि, चौदह चन्दा माँहि।
तिहिं धरि किसकौ चानिणौं,[4] जिहिं घरि गोबिंद नाहिं ॥11॥
माया दीपक नर पतंग, भ्रमि भ्रमि इवै पड़ंत।
कहै कबीर गुर ग्यान थैं, एक आध उबरंत[5] ॥12॥
सतगुर बपुरा क्या करै, जे सिषहीं[6] माँहै चूक।
भावै त्यूँ प्रमोधि ले,[7] ज्यूँ वंसि बजाई फूक ॥13॥
गुरु गोविन्द तौ एक है, दूजा यह आकार।
आपा मेट जीवत मरै, तो पावै करतार[8] ॥14॥
कबीर सतगुर नाँ मिल्या, रही अधूरी सीष।
स्वांग जती[9] का पहरि करि, घरि घरि माँगै भीष ॥15॥
सतगुर साँचा सूरिवाँ,[10] तातै[11] लोहिं लुहार।
कसणो[12] दे कंचन किया, ताई लिया ततसार ॥16॥
थापणि[13] पाई थिति[14] भई, सतगुर दीन्हीं धीर।
कबीर हीरा बणजिया, मानसरोवर तीर ॥17॥
पासा पकड़ा प्रेम का, सारी[15] किया सरीर।
सतगुर दावा बताइया, खेलै दास कबीर ॥18॥
कबीर बादल प्रेम का, हम परि बरष्या आइ।
अंतरि भीगी आत्माँ हरी भई बनराइ[16] ॥19॥
पूरे[17] सूँ परचा भया, सब दुख मेल्या दूरि।
निर्मल कीन्हीं आत्माँ तार्थै[18] सदा हजूरि ॥20॥

---

1. मूर्ख 2. डूबे 3. पत्थर 4. उजाला, प्रकाश 5. उबरता है 6. शिष्य में 7. समझा ले 8. ब्रह्म
9. यति, तपस्वी 10. योद्धा 11. गर्म 12. कसौटी 13. स्थापना 14. स्थिर 15. चौपड़ 16. वन
प्रदेश 17. पूर्ण, ब्रह्म 18. इससे

सुमिरण कौ अंग

भगति भजन हरि नाँव है, दूजा दुक्ख अपार,
मनसा बाचा क्रमनां[1], कबीर सुमिरण सार ॥1॥
कबीर सुमिरण सार है, ओर सकल जंजाल।
आदि अंति सब सोधिया, दूजा देखो काल[2] ॥2॥
च्यंता ता हरि नाँव की, और न चिता दास।
जे कुछ चितवे[3] राम बिन, सेइ काल की पास ॥3॥
तूं तूं करता तूं भया, मुरू मैं रही न हूँ।
बारी फेरी[4] बलि गई,[5] जित देखो तित तूँ ॥4॥
कबीर सूता क्या करे, जागि न जपे मुरारि।
एक दिनां भी सोवणां,[6] लंबे पाँव पसारि ॥5॥
कबीर सूता क्या करे, गुण गोबिंद के गाइ।
तेरे सिर परि जम[7] खड़ा, खरच कदे का खाइ ॥6॥
जिहि धटि प्रीति न प्रेम रस, फुनि रसना नहीं राम।
ते नर इस संसार में, उपजि षये[8] बेकाम ॥7॥
कबीर प्रेम न चषिया, चषि न लिया साव।
सून घर का पाहुणां,[9] ज्यू आया त्यू जाव ॥8॥
राम पियारा छाड़ि करि, करे आन[10] का जाप।
बेस्वां[11] केरा पूत ज्यू, कहै कौन सूं बाप ॥9॥
लूटि सके तौ लुटियौ, राम नाम है लूटि।
पीछें हो पछिताहुगे, यहु तन जेहे[12] छूटि ॥10॥
कबीर चित चर्मंकिया, चहुं दिसि लागी लाइ[13]।
हरि सुमिरण हाथूं घड़ा, बेगे लेहु बुकाइ ॥11॥

---

1. कर्म से 2. मृत्यु 3. स्मरण करता है 4. आवागमन 5. जल गयी 6. सोना 7. यम, मृत्यु 8. क्षय हुए, नष्ट हुए 9. अतिथि 10. अन्य 11. वेश्या 12. जाएगा 13. आग

लंबा मारग, दूरि घर, विकट पंथ, बहु मार[1]।
कहौ संतो, क्यूं पाइये, दुर्लभ हरि-दीदार॥12॥
कबीरराम रिझाइ लै, मुखि अमृत गुण गाइ।
फूटा नग ज्यूँ जोड़ि मन, संधे[2] संधि मिलाइ॥13॥

बिरह कौ अंग

रात्यूँ[3] रूँनीं[4] बिरहनीं, ज्यूँ बंचौ कूँ कुंज[5]।
कबीर अंतर प्रजल्या, प्रगट्या बिरहा पुंज॥1॥
अबंर कुँजाँ कुरलियाँ, गरिज[6] भरे सब ताल।
जिनि थे गोविंद बीछुटे, तिनके कौण हवाल[7]॥2॥
चकवी बिछुटी[8] रैणि की, आइ मिली परभाति।
जे जन बिछुटे राम सूँ, ते दिन मिले न राति॥3॥
बासुरि[9] सुख नाँ रैणि सुख, ना सुख सुपिनै माँहि।
कबीर बिछुट्या राम सूँ ना सुख धूप न छाँह॥4॥
बिरहनि ऊभी[10] पंथ सिरि, पंथी बूझै धाइ[11]।
एक सबद कहि पीव का, कब रे मिलैगे आइ॥5॥
बिरहिन ऊठै भी पड़े, दरसन कारनि राम।
मूवाँ[12] पीछे देहुगे, सो दरसन किहिं काम॥6॥
अंदेसड़ा[13] न भाजिसी, संदेसो कहियाँ।
कै हरि आयां भाजिसी,[14] कै हरि ही पासि गयां॥7॥
यहु तन जालौं मसि[15] करूँ, ज्यूँ धूवाँ जाइ सरगि।
मति वै राम दया, करै, बरसि बुझावै अगि॥8॥
यहु तन जालै मसि करौं, लिखौं राम का नाउँ।
लेखणिं करूँ करंक[16] की, लिखि लिखि राम पठाउँ॥9॥

---

1. डाकू 2. जोड़कर 3. रात में 4. रोयी 5. क्रौंच पक्षी, कुरजाँ 6. गर्जना करके 7. हाल, अवस्था
8. बिछड़ी 9. दिन में 10. खड़ी हुई 11. दौड़कर 12. मरने 13. आशंका 14. भगेगा 15. स्याही
16. अस्थि पंजर

चोट सताड़ी[1] बिरह की, सब तन जर जर होइ।
मारणहारा जाँणिहै, कै जिहिं लागी सोइ॥10॥
जबहूँ मार्या खैंचि करि, तब मैं पाई जाँणि।
लांगी चोट मरम्म[2] की, गई कलेजा जाँणि॥11॥
जिहि सर मारी काल्हि सो सर मेरे मन बस्या।
तिहि सरि अजहूँ मारि, सर[3] बिन सच पाऊँ नहीं॥12॥
बिरह भुवंगम[4] तन बसै, मंत्रा न लागै कोइ।
राम बियोगी ना जिवै, जिवै त बौरा[5] होइ॥13॥
सब रग तंत रबाब[6] तन, बिरह बजावै नित्त।
और न कोई सुणि सकै, कै साई के चित्त॥14॥
अँषड़ियाँ[7] झाई पड़ी, पंथ निहारि निहारि।
जीभड़ियाँ छाला पड़्या, राम पुकारि पुकारि॥15॥
इस तन का दीवा करौं, बाती[8] मेल्यूँ जीव।
लोही सींचौ तेल ज्यूँ, कब मुख देखौं पीव॥16॥
अँषड़िया प्रेम कसाइयाँ,[9] लोग जाँणे दुखड़ियाँ।
साँई अपणैं कारणै, रोइ रोइ रतड़िया[10]॥17॥
जौ रोऊँ तो बल घटे, हँसौं तो राम रिसाइ।
मनही माँहि बिसूरणाँ,[11] ज्यूँ घुण काठहि खाइ॥18॥
हंसि हंसि कंत[12] न पाइए, जिनि पाया तिनि रोइ।
जो हाँसेही हरि मिलै, तो नहीं दुहागनि[13] कोइ॥19॥
नैना अंतरि आचरूँ,[14] निस दिन निरषौं तोहि।
कब हरि दरसन देहुगे सो दिन आवै मोंहि॥20॥
कबीर देखत दिन गया, निस[15] भी देखत जाइ।
बिरहणि पीव पावे नहीं, जियरा तलपै भाइ॥21॥

---

1. सतायी 2. मर्म 3. तीर 4. साँप 5. पागल 6. एक वाद्य यंत्र 7. आँखों में 8. बत्ती 9. कसी गयी, परखी गयी 10. लाल 11. मन-ही-मन रोना 12. स्वामी, पति 13. ऐसी स्त्री जिसके पति ने दूसरी स्त्री से विवाह कर लिया हो 14. आँज कर 15. रात्रि

कै बिरहनि कूं मींच[1] दे, कै आपा दिखलाइ।
आठ पहर का दाझणां,[2] मोपै सह्या न जाइ ॥22॥
बिरहणि थी तो क्यूँ रही, जली न पीव के नालि[3]।
रहु रहु मुगध गहेलड़ी,[4] प्रेम न लाजूँ मारि ॥23॥
हौं बिरहा की लाकड़ी, समझि समझि धूंधाउँ[5]।
छूटि पड़ौं यों बिरह तें, जे सारीही जलि जाउँ ॥24॥
सुखिया सब संसार है, खाये अरु[6] सोवै।
दुखिया दास कबीर है, जागे अरु रोवै ॥25॥

ज्ञान बिरह कौ अंग

दीपक पावक आंणिया, तेल भी आंण्या[7] संग।
तीन्यूं मिलि करि जोइया,[8] (तब) उड़ि उड़ि पड़ैं पतंग ॥1॥
मार्या है जे मरेगा, बिन सर[9] थोथी[10] भालि।
पड़्या पुकारे ब्रिछ[11] तरि, आजि मरै कै कालि्ह ॥2॥
हिरदा भीतरि दौं[12] बलै, धूंवां प्रगट न होइ।
जाके लागी सो लखे,[13] के जिहि लाई सोइ ॥3॥
झल उठा झोली जली, खपरा[14] फूटिम फूटि।
जोगी था सो रमि गया, आसणि रही बिभूति[15] ॥4॥
अगनि जू लागि नीर में, कंदू[16] जलिया झारि।
उतर दषिण के पंडिता, रहे विचारि बिचारि ॥5॥
दौं लागी साइर[17] जल्या, पंषी बैठे आइ।
दाधी[18] देह न पालवै[19] सतगुर गया लगाइ ॥6॥
गुर दाधा चेल्या जल्या, बिरहा लागी आगि।
तिणका बपुड़ा[20] ऊबर्या, गलि[21] पूरै[22] के लागि ॥7॥

---

1. मृत्यु 2. जलना 3. साथ 4. पागल 5. धुएँ के साथ जलना 6. और 7. लाए 8. जलाया 9. बिना फलक के 10. खाली, प्रभावरहित 11. वृक्ष 12. दावाग्नि 13. देखता है 14. खोपड़ी 15. राख 16. कीचड़ 17. समुद्र 18. दग्ध 19. पल्लवित 20. बेचारा 21. मार्ग 22. ब्रह्म

आहेड़ी[1] दौ लाइया, मृग पुकारै रोइ।
जा बन में क्रीला करी, दाझत है बन सोइ ॥8॥
पाणी मांहे प्रजली, भई अप्रबल[2] आगि।
बहती सलिता रहि गई, मंछे[3] रहे जल त्यागि ॥9॥
समंदर लागी आगि, नदियां जलि कोइला भई।
देखि कबीरा जागि, मंछीं[4] रूषां[5] चढ़ि गई ॥10॥

परचा कौ अंग

कबीर तेज अनंत का, मानौ ऊगी सूरज सेणिं[6]।
पति संगि जागी सूंदरी, कौतिग[7] दीठा तेणि ॥1॥
पारब्रह्म के तेज का, कैसा है उनमान[8]।
कहिबे कूं सोभा नहीं, देख्याही परवान[9] ॥2॥
अगम अगोचर गमि नहीं, तहां जगमगै जोति।
जहाँ कबीरा बंदिगी, 'तहां' पाप पुन्य नहीं छोति[10] ॥3॥
हदे[11] छाड़ि बेहदि[12] गया, हुवा निरंतर बास।
कवल ज फूल्या फूल बिन, को निरषै निज दास ॥4॥
अंतर कवल प्रकासिया, ब्रह्म बास तहां होइ।
मन भवरा तहां लुबधिया,[13] जांणैगा जन कोइ ॥5॥
सायर[14] नाहीं सीप बिन, स्वाति बूँद भी नाहिं।
कबीर मोती नीपजै,[15] सुन्नि सिषर गढ़ माँहिं ॥6॥
देखौ कर्म कबीर का, कछु पूरब जनम का लेख।
जाका महल न मुनि लहैं, सो दोसत[16] किया अलेख ॥7॥
प्यंजर[17] प्रेम प्रकासिया, अंतरि भया उजास।
मुख कसतूरी महमहीं, बांणीं फूटी बास[18] ॥8॥

---

1. शिकारी, आखेटक 2. तीव्र, प्रबल 3. मछली 4. मछली 5. वृक्ष 6. श्रेणी 7. कौतुक 8. रूप 9. प्रमाण 10. छूतछात, भेदभाव 11. सीमा 12. सीमातीत 13. लुब्ध हुआ 14. समुद्र 15. पैदा होते हैं 16. दोस्त 17. पंजर (अस्थि पंजर) 18. सुगंध

पाँणी ही तें हिम भया, हिम है गया बिलाइ[1]।
जो कुछ था सोई भया, अब कछू कह्या न जाइ ॥9॥
भली भई जु भै[2] पड्या, गई दशा सब भूलि।
पाला[3] गलि पाँणी भया, ढुलि मिलिया उस कूलि ॥10॥
पंषि उडाणी गगन कूँ, प्यंड[4] रह्या परदेस।
पाँणी पीया चंच[5] बिन, भूलि गया यहु देस ॥11॥
अंक[6] भरे भरि भेटिया, मन मैं नाँहीं धीर[7]।
कहै कबीर ते क्यूँ मिलैं, जब लग दोइ सरीर ॥12॥
तत[8] पाया तन बीसर्या, जब मुनि धरिया ध्यान।
तपनि गई सीतल भया, जब सुनि[9] किया असनान ॥13॥
जब मैं[10] था तब हरि नहीं, अब हरि है मैं नाँहि।
सब औंधियारा मिटि गया, जब दीपक देख्या माँहि ॥14॥
जा कारणि मैं ढूंढता, सनमुख मिलिया आइ।
धन[11] मैली पिव ऊजला, लागि न सकौं पाइ[12] ॥15॥
मानसरोवर सुभर[13] जल, हंसा केलि कराहिं।
मुकताहल मुकता चुगैं, अब उड़ि अनत[14] न जाहिं ॥16॥
नींव बिहुणां[15] देहुरा,[16] देह बिहूँणाँ देव।
कबीर तहाँ बिलंबिया करे अलप की सेव ॥17॥
कबीर कवल प्रकासिया, ऊग्या निर्मल सूर[17]।
निस औंधियारी मिटि गई, बाजै अनहद[18] तूर[19] ॥18॥
अनहद बाजै नीझर[20] झरै, उपजै ब्रह्म गियान।
अविगति अंतरि प्रगटै, लागै प्रेम धियान ॥19॥
आकासै[21] मुखि औंधा कुवाँ, पाताले पनिहारि।
ताका पाँणीं का[22] हंसा पीवै, बिरला आदि बिचारि ॥20॥

---

1. विलीन, समाप्त 2. भय 3. हिम, बर्फ़ 4. पिंड, शरीर 5. चोंच 6. आलिंगन 7. धैर्य 8. तत्त्व
9. शून्य 10. अहम् 11. स्त्री 12. पाँव 13. शुभ्र, स्वच्छ 14. अन्यत्र 15. विहीन 16. देवालय
17. सूर्य 18. कुंडलिनी विस्फोट के समय का स्वर 19. तूर्य, एक वाद्य 20. निर्झर 21. आकाश
में 22. कोई

अमृत बरसै हीरा निपजै, घंटा पड़ै टकसाल।
कबीर जुलाहा भया पारषू,[1] अगभै[2] उतर्या पार ॥21॥

रस कौ अंग

कबीर हरि रस यौं पिया बाकी रही न थाकि[3]।
पाका कलस कुँभार का, बहुरि न चढ़हिं चाकि[4] ॥1॥
राम रसाइन[5] प्रेम रस पीवत, अधिक रसाल[6]।
कबीर पीवण दुलभ है, माँगै सीस कलाल[7] ॥2॥
कबीर भाठी[8] कलाल की, बहुतक बैठे आइ।
सिर सौंपे सोई पिवै, नहीं तो पिया न जाइ ॥3॥
हरि रस पीया जाँणिये, जे कबहूँ न जाइ खुमार[9]।
मैंमंता[10] घूँमत रहै, नाँही तन की सार[11] ॥4॥
मैंमंता[12] तिण[13] नां चरै, सालै चिता सनेह।
बारि जु बाँध्या प्रेम कै, डारि रह्या सिरि षेह[14] ॥5॥
मैंमंता अविगत रहा, अकलप[15] आसा जीति।
राम अमलि[16] माता[17] रहै, जीवन मुकति अतीकि ॥6॥
जिहि सर[18] घड़ा न डूबता, अब मैंगल[19] मलि न्हाइ।
देवल बूड़ा कलस सूँ, पंषि तिसाई[20] जाइ ॥7॥
सबै रसाइण[21] मैं किया, हरि सा और न कोइ।
तिल[22] इक घट मैं संचरे, तौ सब तन कंचन होइ ॥8॥

---

1. पारखी, 2. निर्भय 3.   थकान 4. चाक 5. रसायन 6. मधुर 7. शराब बेचने वाला 8. भट्टी
9. नशा 10. मदमस्त 11. सुधि, चिंता 12. मदमस्त (हाथी) 13. तृण, तिनका 14. धूल 15.
निर्द्वंद्व 16. नशा 17. मस्त 18. तालाब 19. हाथी 20. प्यासा 21. रसायन (रसास्वादन) 22.
अल्प, थोड़ा-सा

लांबि कौ अंग

कया[1] कमंडल भरि लिया, उज्जल निर्मल नीर।
तन मन जोबन भरि पिया, प्यास न मिटी सरीर॥1॥
मन उलट्या दरिया[2] मिल्या, लागा मलि मलि न्हांन[3]।
थाहत थाह[4] न आवई, तूँ पूरा रहिमान॥2॥
हेरत हेरत हे सखी, रह्या कबीर हिराइ[5]।
बूँद समानी समंद मैं, सो कत हेरी[6] जाइ॥3॥
हेरत हेरत हे सखी, रह्या कबीर हिराइ।
समंद समाना बूँद मैं, सो कत हेरह्या जाइ॥4॥

जणा कौ अंग

भारी कहौं त बहु डरौ, हलका कहूँ तो झूठ।
मैं का जाँणौं राम कूं, नैनूं[7] कबहुं न दीठ[8]॥1॥
दीठा है तो कस कहूँ, कह्या न को पतियाइ[9]।
हरि जैसा है तैसा रहौ, तूं हरिषि हरिषि गुण गाइ॥2॥
ऐसा अद्भुत जिनि कथै,[10] अद्भुत राखि लुकाइ[11]।
बेद कुरानों गमि[12] नहीं, कह्याँ न को पतियाइ॥3॥
करता[13] की गति अगम है, तूँ चलि अपणैं उनमान[14]।
धीरैं धीरैं पाव दे, पहुँचैगे परवान[15]॥4॥
पहुँचैगे तब कहैंगे, अमड़ैंगे[16] उस ठाँइ।
अजहूँ बेरा समंद मैं, बोलि बिगूचै[17] काँइ॥5॥

---

1. काया, शरीर 2. समुद्र 3. स्नान 4. गहराई 5. खो गया 6. देखी 7. नेत्रों को 8. दिखता 9. विश्वास 10. कहा 11. छिपाकर 12. गमन, पहुँच 13. कर्ता 14. रूप, पहचान 15. प्रमाण 16. उमड़ेंगे 17. नष्ट करना

लै कौ अंग

जिहि बन सींह[1] न संचरै, पंषि उड़ै नहिं जाइ।
रैनि दिवस[2] का गमि नहीं, तहां कबीर रह्या ल्यो[3] आइ ॥1॥

सुरति ढीकुली[4] लेज[5] ल्यो, मन नित ढोलन हार।
कँवल कुवाँ मैं प्रेम रस, पीवै बारंबार ॥2॥

गंग जमुन उर अंतरै, सहज सुंनि[6] ल्यौ घाट।
तहाँ कबीरै मठ रच्या, मुनि जन जोवैं बाट ॥3॥

निहकरमी पतिव्रता कौ अंग

कबीर प्रीतडी तौ तुझ सौं, बहु गुणियाले[7] कंत।
जे हँसि बोलौं और सौं, तौं नील रँगाउँ दंत ॥1॥

नैना अंतरि आव तूँ, ज्यूँ हौं नैन झँपेउँ।
नाँ हौं[9] देखौं और कूं, नाँ तुझ देखन देउँ ॥2॥

मेरा मुझ में कुछ नहीं, जो कुछ है सो[10] तेरा।
तेरा तुझको सौंपता, क्या लागै है मेरा ॥3॥

कबीर रेख स्यंदूर[11] की, काजल दिया न जाइ।
नैनूं[12] रमइया रमि रह्या, दूजा कहाँ समाइ ॥4॥

कबीर सीप समंद की, रटै पियास पियास।
संमदहि तिणका[13] बरि गिणै स्वाँति बूँद की आस ॥5॥

कबीर एक न जाँणियाँ, तो बहु जाँण्याँ क्या होइ।
एक तैं[14] सब होत है, सब तैं एक न होइ ॥6॥

आसा एक जू राम की, दूजी आस निरास।
पाँणी माँहै[15] घर करैं, ते भी मरै पियास ॥7॥

---

1. सिंह 2. सूर्य और चंद्रमा 3. लय, लगन 4. कुएँ से पानी निकालने का एक यंत्र 5. रस्सी 6. शून्य 7. गुणों वाले 8. अपने को कलंकित करूँ (मुहावरा) 9. मैं 10. वह 11. सिंदूर 12. नेत्रों में 13. तिनका, तृण 14. से 15. भीतर

कबीर कुता राम का, मुतिया मेरा नाउँ।
गलै राम की जेवडी,[1] जित खैंचे तित[2] जाउँ॥8॥
मन प्रतीति न प्रेम रस, नां इस तन मैं ढंग।
क्या जाणौं उस पीव सूं, कैसे रहसी[3] रंग॥9॥
उस संम्रथ[4] का दास हौं, कदे न होइ अकाज[5]।
पतिब्रता नाँगी रहै, तो उसही पुरिस कौ लाज॥10॥

चितावणी कौ अंग

कबीर नौबति[6] आपणी, दिन दस लेहु बजाइ।
ए पुर[7] पटन[8] ए गली, बहुरि न देखै आइ॥1॥
सातो सबद जु बाजते, घरि घरि होते राग।
ते मंदिर[9] खाली पड़े, बैसण[10] लागे काग॥2॥
कबीर थोड़ा जीवणा माड़े[11] बहुत मँडाण[12]।
सबही ऊभा[13] मेल्हि गया, राव रंक सुलितान॥3॥
इक दिन ऐसा होइगा, सब सूँ पड़ै बिछोइ[14]।
राजा राणा छत्रापति, सावधान किन[15] होइ॥4॥
कबीर कहा गरबियौ,[16] इस जीवन की आस।
टेसू फूले दिवस चारि, खंखर[17] भये पलास॥5॥
कबीर कहा गरबियो, देही देखि सुरंग[18]।
बिछड़ियाँ मिलिनौ नहीं, ज्यूँ काँचली भुवंग[19]॥6॥
कबीर कहा गरिबियो, ऊँचे देखि अवास।
काल्हि पर्यूँ भ्वै[20] लेटणाँ, ऊपरि जामैं[21] घास॥7॥
यहु ऐसा संसार है जैसा सैंबल[22] फूल।
दिन दस के व्योहार को, झूठै रंगि न भूल॥8॥

---

1. रस्सी 2. उधर 3. रहेगी 4. समर्थ 5. व्यर्थ 6. नगाड़ा 7. नगर 8. बाज़ार 9. घर 10. बैठने
11. आयोजित किए 12. आयोजन 13. खड़े हुए 14. बिछोह, वियोग 15. क्यों 16. गर्वित हुआ
17. ठूँठ 18. रंगों सहित 19. साँप 20. भूमि 21. जमेगी, उगेगी 22. सेमल

हाड़ जलै ज्यूँ लाकड़ी,[1] केस जलै ज्यूँ घास।
सब तन जलता देखि करि, भया कबीर उदास ॥9॥
आजि कि काल्हि[2] कि पचे दिन, जंगल होइगा बास।
ऊपरि ऊपरि फिरहिंगे, ढोर[3] चरंदे घास ॥10॥
कबीर मंदिर लाष[4] का, जड़िया हीरै लालि।
दिवस चारि का पेषणां, विनस[5] जाइगा काल्हि ॥11॥
कबीर धूलि सकेलि[6] करि, पुड़ी ज बाँधी एह।
दिवस चारि का पेषणाँ, अंति षेह[7] का षेह ॥12॥
कहा कियौ हम आइ करि, कहा करेंगे जाइ।
इत[8] के भए न उत[9] के, चाले मूल गँवाइ ॥13॥
राम नाम जाण्यो नहीं, लानी मोटी षोड़ि[10]।
काया हाँडी काठ की, ना ऊ चढ़े बहोड़ि[11] ॥14॥
राम नाम जाण्या नहीं, बात बिनंठी[12] मूलि।
परत इहाँ ही हारिया, परति पड़ी मुख धूलि ॥15॥
मनिषा जनम दुर्लभ है, देह न बारम्बार।
तरवर थैं फल झड़ि पड़ा बहुरि[13] न लागै डार[14] ॥16॥
कबीर हरि की भगति करि, तजि बिषिया रस चोज[15]।
बारबार नहीं पाइए, मनिषा जन्म की मौज[16] ॥17॥
पाणी ज्यौर तालाब का दह[17] दिसी गया बिलाइ।
यह सब यों ही जायगा, सकै तो ठाहर लाइ ॥18॥
यह तनु काचा[18] कुंभ है, चोट चहूँ[19] दिसि खाइ।
एक राम के नाँव बिन, जदि तदि[20] प्रलै जाइ ॥19॥
यह तन काचा कुंभ है, लिया फिरै था[21] साथि।
ढबका लागा फुटि गया, कछू न आया हाथि ॥20॥

---

1. लकड़ी 2. कल 3. पशु 4. लाक्षा 5. नष्ट 6. एकत्र 7. धूल 8. इधर 9. उधर 10. दोष
11. पुनः 12. नष्ट हो गयी 13. वापस 14. शाखा 15. आनन्द, उल्लास 16. आनंद 17. दस
18. कच्चा 19. चारों 20. जब-तब 21. तुम

दीन गँवाया दुनी[1] सौं, दुनी न चाली साथि।
पाइ[2] कुहाड़ा[3] मारिया, गाफिल[4] अपणै हाथि॥21॥
यह तन तो सब बन भया, करम भए कुहाड़ि[5]।
आप आप कूँ काटिहैं, कहैं कबीर विचारि॥22॥
कुल खोया कुल ऊबरै, कुल राख्यो कुल जाइ।
राम निकुल[6] कुल भेंटि लैं, सब कुल रह्या समाइ॥23॥
कबीर केवल राम की, तूँ जिनि[7] छाड़ै ओट[8]।
घण अहरणि बिचि लोह ज्यूँ, घड़ी सहे सिर चोट॥24॥
काया मंजन[9] क्या करै, कपड़ धोइम धोइ।
उजल हूवा न छूटिए,[10] सुख नींदड़ी न सोह॥25॥
उजल[11] कपड़ा पहरि करि, पान सुपारी खाँहि।
एके हरि का नाँव बिन, बाँधे जमपुरि जाँहि॥26॥
नान्हाँ काती[12] चित दे, महँगे मोलि बिकाइ।
गाहक राजा राम है और न नेड़ा[13] आइ॥27॥
मैं मैं बड़ी बलाइ[14] है, सके तो निकसी भाजि।
कब लग राखौं हे सखी, रूई पलेटी[15] आगि॥28॥
मैं मैं मेरी जिनि करै, मेरी मूल बिनास।
मेरी पग का पैषड़ा,[16] मेरी गल की पास[17]॥29॥
कबीर नाव जरजरी,[18] कूड़े[19] खेवणहार।
हलके हलके तिरि गए, बूड़े[20] तिनि सिर भार॥30॥

मन कौ अंग

मन कै मते[21] न चालिये, छाड़ि जीव की बाँणि।
ताकू[22] केरे सूत ज्यूँ, उलटि अपूठा[23] आँणि॥1॥

---

1. दुनिया 2. पाँव 3. कुल्हाड़ी 4. बेसुध 5. कुल्हाड़ी 6. कुल रहित 7. मत 8. सहारा, आश्रय
9. स्नान 10. मुक्त होना 11. उज्ज्वल 12. बारीक कातना 13. पास 14. आफ़त 15. लपेटो
16. बंधन 17. फंदा 18. जर्जर 19. व्यर्थ, बेकार 20. डूब गए 21. मतानुसार 22. तकुआ, चरखे
से कातने की लोहे की डंडी 23. सामने, सम्मुख

आसा का ईंधन करूँ, मनसा करूँ विभूति[1]।
जोगी फेरी[2] फिल करौं, यों बिनवाँ[3] वै सूति ॥2॥
कबीर सेरी[4] साँकड़ी[5] चंचल मनवाँ चोर।
गुण गावै लैलीन[6] होइ, कछू एक मन मैं और ॥3॥
कबीर मारूँ मन कूँ, टूक टूक है जाइ।
विष की क्यारी बोई करि, लुणत[7] कहा पछिताइ ॥4॥
हिरदा भीतरि आरसी,[8] मुख देषणाँ न जाइ।
मुख तौ तौपरि देखिए, जे मन की दुविधा जाइ ॥5॥
मन गोरख मन गोविंदो, मन हीं औघड़[9] होइ।
जे मन राखै जतन करि, तौ आपै करता सोइ ॥6॥
एक ज दोसत हम किया, जिस गलि लाल कबाइ[10]।
एक जग धोबी धोइ मरै, तौ भी रंग न जाइ ॥7॥
पाँणी ही तैं पातला,[11] धूवाँ ही तै झींण।
पवनाँ[12] बेगि उतावला, सो दोसत कबीरै कीन्ह ॥8॥
कबीर तुरी[13] पलांड़ियाँ, चाबक लीया हाथि।
दिवस थकाँ साँई मिलौं, पीछे पड़िहै राति[14] ॥9॥
कबीर मन बिकरै[15] पड़ा, गया स्वादि के साथ।
गलका[16] खाया बरज्ताँ, अब क्यूँ आवै हाथि ॥10॥
कबीर मन गाफिल[17] भया, सुमिरण लागै नाहिं।
घणीं सहैगा सासनाँ,[18] जम की दरगह माहिं ॥11॥
मैंमंता[19] मन मारि रे, घटहीं[20] माँहै घेरि।
जबहीं चालै पीठि दै,[21] अंकुस दे दे फेरि ॥12॥
मैंमंता मन मारि रे, नान्हाँ[22] करि करि पीसि।
तब सुख पावै सुंदरी, ब्रह्म झलकै सीसि[23] ॥13॥

---

1. राख 2. चक्कर 3. बुनना 4. गली, मार्ग 5. संकीर्ण 6. लय में लीन 7. काटकर 8. दर्पण
9. एक प्रकार का साधु 10. कपड़ा, वस्त्र 11. पतला 12. पवन से 13. घोड़ा 14. रात्रि
15. विकारों में 16. गले तक 17. बेसुध 18. यातनाएँ 19. मदमस्त हाथी 20. हृदय में 21. पीठ
देकर, प्रतिकूल 22. छोटे, बारीक 23. शीश, शून्य

कागद केरी नाँव री, पाँणी केरी गंग[1]।
कहै कबीर कैसे तिरूँ, पंच[2] कुसंगी संग ॥14॥
काटि कूटि मछली, छींकै धरी चहोडि़[3]।
कोइ एक अषिर[4] मन बस्या, दह मैं पड़ी बहोडि़[5] ॥15॥
कबीर मन पंषी भया, बहुतक चढ़ा अकास।
उहाँ ही तैं गिरि पड़ा, मन माया के पास ॥16॥
भगति दुबारा सकड़ा राई दसवैं भाइ[7]।
मन तौ मैंगल[8] है रह्यो, क्यूँ करि सकै समाइ ॥17॥
करता था तो क्यूँ रह्या, अब करि क्यूँ पछताइ।
बोवै पेड़ बबूल का, अब[9] कहाँ तैं खाइ ॥18॥
मनह मनोरथ छाँडि़ दे, तेरा किया न होइ।
पाँणी मैं घीव[10] नीकसै,[11] तो रूखा खाइ न कोइ ॥19॥

सूषिम मारग कौ अंग

कौंण देस कहाँ आइया, कहु क्यूँ जाँण्याँ जाइ।
उहू[12] मारग पावै नहीं, भूलि पड़े इस माँहि ॥1॥
उतीथैं[13] कोइ न आवई, जाकूँ बूझौं[14] धाइ।
इतथैं[15] सबै पठाइये, भार लदाइ लदाइ ॥2॥
सबकूँ बूझत मैं फिरौं, रहण कहै नहीं कोइ।
प्रीति न जोड़ी राम सूँ, रहण[16] कहाँ थैं होइ ॥3॥
चलो चलौं सबको कहे, मोहि अँदेसा[17] और।
साहिब सूँ पर्चा नहीं, ए जांहिगें किस ठौर ॥4॥
जाइबे को जागा नहीं, रहिबे कौं नहीं ठौर[18]।
कहै कबीरा संत हौ, अबिगति[19] की गति और ॥5॥

कबीरा मारिग कठिन है, कोइ न सकई जाइ।
गए ते बहुड़े[1] नहीं, कुसल कहै को आइ॥6॥
जन[2] कबीर का सिषर[3] घर, बाट सलैली[4] सैल[5]।
पाव न टिकै पपीलका,[6] लोगनि लादे बैल॥7॥
जहाँ न चींटी चढ़ि सकै, राइ न ठहराइ।
मन पवन का गमि[7] नहीं, तहाँ पहूँचे जाइ॥8॥
सुर न थाके मुनि जनां, जहाँ न कोई जाइ।
मोटे[8] भाग कबीर के, तहाँ रहे घर छाइ॥9॥

माया कौ अंग

कबीर माया पापणीं, फंध[9] ले बैठि हाटि[10]।
सब जग तो फंधै पड़ा, गया कबीरा काटि॥1॥
जाँणी जे हरि को भजौ, मो मनि मोटी आस।
हरि बिचि घालै अंतरा,[11] माया बड़ी बिसास[12]॥2॥
कबीर माया मोहनी, मोहे जाँण सुजाँण।
भागाँ[13] ही छूटै नहीं, भरि भरि मारै बाँण॥3॥
कबीर माया मोहनी, जैसी मीठी खाँड़[14]।
सतगुर की कृपा भई, नहीं तो करती भाँड़[15]॥4॥
कबीर माया मोहनी, सब जग घाल्या घाँणि[16]।
कोइ एक जन ऊबरै, जिनि तोड़ी कुल की काँणि[17]॥5॥
माया मुई[18] न मन मुवा,[19] मरि मरि गया सरीर।
आसा त्रिस्नाँ ना मुई, यों कहि गया कबीर॥6॥
कबीर सो धन संचिए,[20] जो आगै कूँ होइ।
सीस चढ़ाए पोटली, ले जात न देख्या कोइ॥7॥

त्रिष्णाँ सींचीं[1] नाँ बुझे, दिन दिन बढ़ती जाइ।
जबासा[2] के रूष[3] ज्यूँ, घण मेहाँ कुमिलाइ ॥8॥

माया तजी तौ का भया, मानि[4] तजी नहीं जाइ।
मानि बड़े गुनियर[5] मिले, मानि सबनि की खाइ ॥9॥

माया तरवर त्रिविध[6] का, साखा[7] दुख संताप।
सीतलता सुपिनै नहीं, फल फीको[8] तनि ताप ॥10॥

कबीर माया ढाकड़ी,[9] सब किसही कौ खाइ।
दाँत उपाणौं[10] पापड़ी, जे संतौं नेड़ी[11] जाइ ॥11॥

कबीर गुण की बादली, तीतरबानी[12] छाँहिं।
बाहरि[13] रहे ते ऊबरे, भीगें मंदिर[14] माँहिं ॥12॥

कबीर माया मोह की, भई अँधारी लोइ[15]।
जे सूते ते मुसि लिये,[16] रहे बसत[17] कूँ रोइ ॥13॥

बाड़ि[18] चढ़ती बेलि ज्यूँ, उलझी, आसा फंध।
तूटै पणि छूटै नहीं, भई ज बाचा बंध[19] ॥14॥

कबीर इस संसार का, झूठा माया मोह।
जिहि घरि जिता बधावणाँ,[20] तिहि घरि तिता अँदोह[21] ॥15॥

बुगली नीर बिटालिया,[22] सायर[23] चढ़ा कलंक।
और पँखेरू पी गए, हंस न बोवै[24] चंच ॥16॥

माया की झल[25] जग जल्या, कनक काँमणी[26] लागि।
कहुँ धौं किहि विधि राखिये, रूई पलेटी आगि ॥17॥

---

1. सींचने से 2. एक पौधा, जो वर्षा में सूख जाता है 3. वृक्ष 4. मान, अभिमान 5. गुणवान 6. तीन
– दैहिक, दैविक और भौतिक ताप 7. शाखाएँ 8. स्वादहीन 9. डाकिनी, पिशाचिनी 10. उखाड़ो
11. पास 12. तीतरवर्णी, तीतर के पंखों की तरह बिखरी हुई 13. बाहर 14. घर 15. नेत्र 16. ठग
लिये 17. वस्तु 18. बाड़ (काँटों का बाड़) 19. वचनबद्ध 20. आनन्दोल्लास, बधाइयाँ 21. दुःख
22. भ्रष्ट कर दिया 23. समुद्र 24. डुबोता 25. ज्वाला, आग 26. सुंदर स्त्री

चाँणक कौ अंग

इही उदर के कारणै, जग जाँच्यो निस जाम[1]।
स्वामी पणौ[2] जु सिर चढ़ो, सर्या[3] न एको काम ॥1॥

स्वामी हूँणाँ[4] सोहरा,[5] दोद्धा[6] हूँणाँ दास।
गाडर[7] आँणीं ऊन कूँ, बाँधी चरै कपास ॥2॥

कलि का स्वामी लोभिया, मनसा धरी बधाइ।
दैहिं पईसा[8] ब्याज कौं, लेखाँ करताँ जाइ ॥3॥

कबीर कलि खोटी[9] भई, मुनियर मिलै न कोइ।
लालच लोभी मसकरा, तिनकूँ आदर होइ ॥4॥

चारिउ बेद पढ़ाइ करि, हरि सूँ न लाया हेत।
बालि[10] कबीरा ले गया, पंडित ढूँढ़ै खेत ॥5॥

बाँम्हण गुरु जगत का, साधू का गुरु नाहिं।
उरझि पुरझि[11] करि मरि रह्या, चारिउँ बेदाँ माहिं ॥6॥

पाड़ोसी सूँ रूसणाँ, तिल तिल सुख की हाँणि।
पंडित भए सरावगी,[12] पाँणी पीवैं छाँणि ॥7॥

चतुराई सूवै पढ़ी, सोई पंजर[13] माँहि।
फिरि प्रमोधै[14] आन[15] कौं, आपण समझै नाहिं ॥8॥

रासि[16] पराई राषताँ, खाया घर का खेत।
औरौं कौं प्रमोधतां, मुख मैं पड़िया रेत ॥9॥

तारा मंडल बैसि करि,[17] चंद बड़ाई खाइ।
उदै भया जब सूर का, स्यूँ ताराँ छिपि जाइ ॥10॥

कासी काँठै[18] घर करैं, पीवैं निर्मल नीर।
मुकति नहीं हरि नाँव बिन, यों कहैं दास कबीर ॥11॥

कबीर इस संसार को, समझाऊँ कै[19] बार।
पूँछ जु पकड़ै भेड़ की, उतर्या चाहै पार ॥12॥

---

1. याम, प्रहर 2. स्वामित्व का भाव 3. सिद्ध हुआ 4. होना 5. आसान, सरल 6. दुर्लभ 7. भेड़
8. पैसे, धन 9. बुरा 10. गेहूँ की मंजरी 11. उलझकर 12. जैन साधु 13. पिंजरा 14. समझाए
15. अन्य 16. अन्न की ढेरी 17. बैठकर 18. में, के पास 19. कितनी

करणीं बिना कथणींकौ अंग

जैसी मुख तैं नीकसै,[1] तैसी चालै चाल।
पारब्रह्म नेड़ा[2] रहै, पल में करै निहाल॥1॥
जैसी मुष तें नीकसै, तैसी चालै नाहिं।
मानिष नहीं ते स्वान[3] गति, बाँध्या जमपुर जाँहिं॥2॥
करता दीसै कीरतन, ऊँचा करि करि तूंड[4]।
जाँणै बूझे कुछ नहीं, यौं ही आँधां रूंड[5]॥3॥

कथणीं बिना करणीं कौ अंग

कबिरा पढ़िबा दूरि करि, पुस्तक देइ बहाइ।
बांवन अषिर सोधि करि, ररै[6] ममैं[7] चित लाइ॥1॥
कबीर पढ़िया दूरि करि, आथि[8] पढ़ा संसार।
पीड़ न उपजी प्रीति सूँ, तो क्यूँ करि करै पुकार॥2॥
पोथी पढ़ि पढ़ि जग मुवा,[9] पंडित भया न कोइ।
एकै आषिर पीव का, पढ़ै सु पंडित होइ॥3॥

कामीं नर कौ अंग

कामणि काली नागणीं, तीन्यूँ लोक मँझारि।
राम सनेही, ऊबरे, बिषई खाये झारि[10]॥1॥
परनारी राता[11] फिरै, चोरी बिढता[12] खाँहिं।
दिवस चारि सरसा रहै, अंति समूला जाँहिं॥2॥
नर नारी सब नरक है, जब लग देह सकाम।
कहै कबीर ते राँम के, जे सुमिरै निहकाम[13]॥3॥

---

1. निकले 2. पास 3. कुत्ता 4. हाथी की सूँड 5. धड़ 6. राम का 'र' 7. राम का 'म' 8. अस्त 9. मर गया
10. झाड़कर 11. अनुरक्त 12. बढ़ा हुआ 13. निष्काम

नारी कुण्ड नरक का, बिरला थंभै[1] बाग[2]।
कोई साधू जन ऊबरै, सब जग मूँवा लाग ॥4॥
अंधा नर चैते नहीं, कटै ने संसे[3] सूल।
और गुनह हरि बकससी, काँमी डाल[4] न मूल[5] ॥5॥
भगति बिगाड़ी काँमियाँ,[6] इंद्री केरै[7] स्वादि।
हीरा खोया हाथ थैं, जनम गँवाया बादि[8] ॥6॥
कामी कदे न हरि भजै, जपै न कैसो जाप।
राम कह्याँ थैं जलि मरे, को पूरिबला[9] पाप ॥7॥
काँमी लज्जा ना करै, मन माँहें अहिलाद।
नींद न माँगैं साँथरा,[10] भूष न माँगै स्वाद ॥8॥
कबीर कहता जात हौं, चेतै नहीं गँवार।
बैरागी गिरही[11] कहा, काँमी वार न पार ॥9॥
ग्याँनी मूल गँवाइया, आपण भये करंता[12]।
ताथै संसारी भला, मन मैं रहे डरंता ॥10॥

सहज कौ अंग

सहज सहज सबकौ कहै, सहज न चीन्है[13] कोइ।
जिन्ह सहजै विषिया तजी, सहज कही जै सोइ ॥1॥

साँच कौ अंग

कबीर पूँजी साह की, तूँ जिनि खोवै ष्वार[14]।
खरी बिगूचनि[15] होइगी, लेखा देती बार ॥1॥
लेखा देणाँ सोहरा,[16] जे दिल साँचा होइ।
उस चंगे[17] दीवाँन[18] मैं, पला न पकड़े कोइ ॥2॥

---

1. थामना 2. लगाम 3. संशय 4. शाखा 5. जड़ 6. कामी लोगों ने 7. के 8. व्यर्थ 9. पूर्वजन्म का
10. शय्या 11. गृहस्थ 12. कर्ता 13. जाना, पहचाना 14. व्यर्थ, बेकार 15. मुश्किल, आफ़त, भ्रम
16. आसान, सरल 17. श्रेष्ठ 18. दरबार

यहु सब झूठी बंदिगी,[1] बरियाँ पंच[2] निवाज।
साचै मारै झूठ पढ़ि, काजी करै अकाज ॥3॥
कबीर काजी स्वादि बसि, ब्रह्म हतै[3] तब दोइ।
चढ़ि मसीति[4] एकै कहै, दरि[5] क्यूँ साचा होइ ॥4॥
काजी मुलाँ भ्रमियाँ,[6] चल्या दुनीं[7] कै साथि।
दिल थैं दीन[8] बिसारिया, करद[9] लई जब हाथि ॥5॥
जोरी कीयाँ जुलम है, माँगे न्याव खुदाइ।
खालिक दरि[10] खूनी खड़ा, मार[11] मुहे मुहि खाइ ॥6॥
साँई सेती[12] चोरियाँ, चोराँ सेती गुझ[13]।
जाँणैगा रे जीवड़ा, मर पड़ैगी तुझ ॥7॥
खूब खाँड है खीचड़ी, माँहि पड़ै टुक[14] लूँण।
पेंड़ा रोटी खाइ करि, गला कटावै कौंण ॥8॥
कबीर लज्या लोक की, सुमिरै नाँही साच।
जानि बूझि कंचन तजै, काठा[15] पकड़े काच ॥9॥
झूठे को झूठा मिलै, दूणाँ[16] बधै सनेह।
झूठे कूँ साचा मिलै, तब ही तूटै[17] नेह ॥10॥

भ्रम विधोंसण कौ अंग

पांहण केरा पूतला, करि पूजै करतार[18]।
इही भरोसै जे रहे, ते बूड़े काली धार ॥1॥
पाथर ही का देहुरा,[19] पाथर ही का देव।
पूजणहारा अंधला, लागा खोटी सेव ॥2॥
हम भी पाहन पूजते, होते रन के रोझ[20]।
सतगुर की कृपा भई, डार्या सिर थैं बोझ ॥3॥

जेती देषौं आत्मा, तेता सालिगराँम।
साधू प्रतषि[1] देव हैं, नहीं पाथर सू काँम॥4॥
माला फेरत जुग भया, पाय न मन का फेर।
कर का मनका[2] छाँड़ि दे, मन का मनका फेर॥5॥
मन मथुरा दिल द्वारिका, काया कासी जाँणि।
दसवाँ द्वारा देहुरा, तामै जोति पिछाँणि[3]॥6॥
कबीर दुनियाँ देहुरै, सीस नवाँवण जाइ।
हिरदा भीतर हरि बसै, तूँ ताही सौ ल्यौ[4] लाइ॥7॥

भेष कौ अंग

कर सेती माला जपै, हिरदै बहै डंडूल[5]।
पग तौ पाला[6] में गिल्या, भाजण लागी सूल॥1॥
माला पहरैं मनमुषी,[7] ताथैं कछु न होइ।
मन माला कौं फेरताँ, जुग उजियारा सोइ॥2॥
कबीर माला काठ[8] की, कहि समझावै तोहि।
मन न फिरावै आपणों, कहा फिरावै मोहि॥3॥
कबीर माला मन की, और संसारी भेष।
माला पहर्या हरि मिलै, तौ अरहट[9] कै गलि देष॥4॥
माला पहर्याँ कुछ नहीं, काती[10] मन कै साथि।
जब लग हरि प्रकटै नहीं, तब लग पड़ता हाथि॥5॥
साँईं सेती साँच चलि, औराँ सूँ सुध भाइ।
भावै लम्बे केस करि, भावै घुरडि़[11] मुड़ाइ॥6॥
केसौं कहा बिगाड़िया, जे मूड़े सौ बार।
मन कौं न काहे मूड़िए, जामै[12] बिषै विकार॥7॥

---

1. प्रत्यक्ष 2. माला का मनका, मन का 3. पहचान 4. लय 5. आँधी, बवंडर 6. हिम 7. माला विशेष 8. लकड़ी 9. रहट, पानी निकालने का यंत्र 10.कतरनी 11. सिर 12. जिसमें

मूँड़ मुँड़ावत दिन गए, अजहूँ न मिलिया राम
राँम नाम कहु क्या करैं, जे मन के औरै[1] काँम ॥8॥
बेसनों[2] भया तौ क्या भया, बूझा नहीं बबेक[3]।
छापा तिलक बनाइ करि, दगध्यां[4] लोक अनेक॥9॥
पष[5] ले बूडी पृथमीं, झूठी कुल की लार।
अलष बिसारौं[6] भेष मैं, बूडे काली धार॥10॥
चतुराई हरि नाँ मिले, ऐ बाताँ की बात।
एक निसप्रेही[7] निरधार का, गाहक गोपीनाथ॥11॥
जब लग पीव परचा नहीं, कन्याँ कँवारी जाँणि।
हथलेवा[8] होसै लिया, मुसकल पड़ी पिछाँणि॥12॥

कुसंगति कौ अंग

मूरिष संग न कीजिए, लोहा जलि न तिराइ
कदली सीप भवंग मुषी, एक बूँद तिहुँ[9] भाइ॥1॥
हरिजन सेती[10] रूसणाँ,[11] संसारी सूँ हेत।
ते नर कदे न नीपजै, ज्यूँ कालर[12] का खेत॥2॥
ऊँचे कुल क्या जनमियाँ, जे करणीं ऊँच न होइ।
सोवन[13] कलस सुरे[14] भर्या, साथूँ निंद्या सोइ॥3॥

संगति कौ अंग

देखा देखी पाकड़े,[15] जाइ अपरचे[16] छूटि।
बिरला कोई ठाहरे, सतगुर साँमी[17] मूठि॥1॥
कबीर तासूँ प्रीति करि, जो निरबाहे ओडि[18]।
बनिता[19] बिबिध न राचिये, दोषत लागे षोडि[20] ॥2॥

---

1. दूसरे 2. वैष्णव 3. विवेक 4. जलाए 5. पक्ष 6. भुला दिया 7. निस्पृह 8. पाणिग्रहण 9. तीनों
10. से 11. नाराज़ होना 12. ऊसर, अनउपजाऊ भूमि 13. स्वर्ण 14. सुरा, मदिरा 15. पकड़ते हैं
16. अपरिचय 17. सम्मुख 18. अंत 19. स्त्री 20. पाप

काजल केरी कोठड़ी, तैसा यहु संसार।
बलिहारी ता दास की, पैसि[1] निकसणहार॥3॥

असाध कौ अंग

कबीर भेष अतीत का, करतूति[2] करै अपराध।
बाहरि दीसै साध गति, माँहैं महा असाध॥1॥

साध कौ अंग

कबीर संगति साध की, कदे[3] न निरफल होइ।
चंदन होसी बाँवना,[4] नीब[5] न कहसी कोइ॥1॥
कबीर संगति साध की, बेगि[6] करीजैं जाइ।
दुरमति दूरि गँवाइसी, देसी सुमति बताइ॥2॥
मथुरा जावै द्वारिका, भावै[7] जावैं जगनाथ।
साध संगति हरि भगति बिन, कछू न आवै हाथ॥3॥
मेरे संगी[8] दोइ जणाँ एक बैष्णों एक राँम।
वो है दाता मुकति का, वो सुमिरावै नाँम॥4॥
कबीर चन्दन का बिड़ा,[9] बैठ्या आक पलास।
आप सरीखे करि लिए जे होत उन पास॥5॥
कबीर खाईं कोट[10] की, पांणी पीवे न कोइ
आइ मिलै जब गंग मैं, तब सब गंगोदिक[11] होइ॥6॥
काजल केरी[12] कोठढ़ी, काजल ही का कोट।
बलिहारी ता दास की, जे रहै राँम की ओट॥7॥

---

1. प्रवेश करके 2. करतूतें 3. कमी 4. वामन (छोटा) 5. नीम 6. शीघ्र 7. अच्छा लगे 8. साथी
9. वृक्ष 10. दुर्ग 11. गंगा जल 12. की

साध महिमा कौ अंग

जिहिं घरि साध[1] न पूजिये, हरि की सेवा नाँहिं।
ते घर मड़हट[2] सारषे, भूत बसै तिन माँहि॥1॥
है[3] गै[4] गैंवर सघन घन, छत्रा धजा फहराइ।
ता सुख थैं भिष्या[5] भली, हरि सुमिरत दिन जाइ॥2॥
कबीर कुल तौ सो भला, जिहि कुल उपजै दास।
जिहिं कुल दास[6] न ऊपजै, सो कुल आक पलास॥3॥
राँम जपत दालिद[7] भला, टूटी घर की छाँनि।
ऊँचे मंदिर जालि दे, जहाँ भगति न सारँगपाँनि[8]॥4॥

सारग्रही कौ अंग

षीर[9] रूप हरि नाँव है नीर आन[10] ब्यौहार।
हंस रूप कोई साध है, तत[11] को जांनणहार॥1॥
सार संग्रह सूप ज्यूँ, त्यागै फटकि[12] असार।
कबीर हरि हरि नाँव ले, पसरै नहीं बिकार॥2॥
कबीर औगुँण ना गहैं गुँण ही कौ ले बीनि[13]।
घट घट महु[14] के मधुप ज्यूँ, पर आत्म ले चीन्हि॥3॥
कबीर सब घटि आत्मा, सिरजी[15] सिरजनहार।
राम कहै सो राम में, रमिता ब्रह्म बिचारि॥4॥

विचार कौ अंग

आगि कह्याँ दाझै नहीं, जे नहीं चंपै[16] पाइ।
जब लग भेद न जाँणिये, राम कह्या तौ काइ॥1॥

कबीर सोचि बिचारिया, दूजा कोई नाँहि।
आपा पर जब चीन्हिया, तब उलटि समाना माँहि[1] ॥2॥
कबीर पाणी केरा पूतला, राख्या पवन सँवारि।
नाँनाँ[2] बाँणी बोलिया, जोति धरी करतारि॥3॥
नौ मण[3] सूत अलूझिया,[4] कबीर घर घर बारि।
तिनि सुलझाया बापुड़े, जिनि जाणीं भगति मुरारि॥4॥
हरि मोत्याँ की माल है, पोई काचै तागि[5]।
जतन करि झंटा[6] घँणा, टूटेगी कहूँ लागि॥5॥
मन नहीं छाड़ै बिषै, बिषै न छाड़ै मन कौं।
इनकौं इहै[7] सुभाव, पूरि लागी जुग जन कौं॥6॥

उपदेश कौ अंग

हरि जी यहै बिचारिया, साषी कहौ कबीर।
भौसागर[8] मैं जीव है, जे कोई पकड़ै तीर॥1॥
कबीर संसा[9] जीव मैं, कोई न कहै समझाइ।
बिधि बिधि बाणीं बोलता सो कत गया बिलाइ॥2॥
कबीर संसा दूरि करि जाँमण[10] मरण भरंम।
पंचतत तत्तहि मिले सुरति समाना मंन॥3॥
कबीर हरि के नाँव सूँ, प्रीति रहै इकतार[11]।
तौ मुख तैं मोती झड़ैं, हीरे अंत न पार॥4॥
ऐसी बाँणी बोलिये, मन का आपा[12] खोइ।
अपना तन सीतल करै, औरन कौं सुख होइ॥5॥

---

1. भीतर 2. विविध 3. मन, तौल की एक इकाई 4. उलझ गया 5. धागा 6. झंझट 7. यही
8. भवसागर 9. संशय 10. जन्म 11. एक तार, निरंतर 12. अपनापन

बैसास कौ अंग

भूखा भूखा क्या करै, कहा सुनावै लोग।
भांडा[1] घड़ि जिनि मुख[2] दिया, सोई पूरण जोग॥1॥
रचनहार कूँ चीन्हि लै, खैबे[3] कूँ कहा रोइ।
दिल मंदिर मैं पैसि करि, तांणि पछेवड़ा[4] सोइ॥2॥
च्यंतामणि[5] मन में बसै, सोई चित्त मैं आंणि।
बिन च्यंता च्यंता करै, इहै प्रभू की बांणि॥3॥
जाकौ चेता निरमया, ताकौ तेता होइ।
रती घटै न तिल बधै,[6] जौ सिर कूटै कोइ॥4॥
संत न बांधै गाँठड़ी, पेट समाता लेइ।
सांई सूँ सनमुख[7] रहै, जहाँ माँगै तहाँ देइ॥5॥
कबीर तूँ काहे डरै, सिर परि हरि का हाथ।
हस्ती चढ़ि नहीं डोलिये, कूकर[8] भूसैं[9] जु लाष॥6॥
मीठा खाँण मधूकरी,[10] भाँति भाँति कौ नाज।
दावा[11] किसही का नहीं, बित बिलाइति बड़ राज॥7॥
माँगण मरण समान है, बिरला बंचै[12] कोइ।
कहै कबीर रघुनाथ सूँ, मतिर[13] मँगावै माहि॥8॥
कबीर मरौं पै[14] मांगौं नहीं, अपणै तन कै काज।
परमारथ कै कारणै, मोहिं माँगत न आवै लाज॥9॥
मेर[15] मिटी मुकता भया, पाया ब्रह्म बिसास।
अब मेरे दूजा को नहीं, एक तुम्हारी आस॥10॥
जाकी दिल में हरि बसै, सो नर कलपै[16] काँइ।
एक लहरि समंद की, दुख दलिद्र सब जाँइ॥11॥

---

1. पात्र 2. मुँह 3. खाने को 4. चादर 5. मणि विशेष जिससे इच्छा पूर्ण होती है 6. बढ़ता है
7. सम्मुख 8. कुत्ता 9. भौंकता है 10. बभिक्षा 11. अधिकार 12. बचता है 13. मत 14. पर, लेकिन
15. ममत्व, मेरापन 16. व्यथित होता है

पीव पिछाँणन कौ अंग

भोलै भूली खसम[1] कै, बहुत किया बिभचार[2]।
सतगुर गुरु बताइया, पूरिबला भरतार॥1॥
जाकै मुह माथा नहीं, नहीं रूपक रूप।
पुहुप बास थैं पतला ऐसा तत[3] अनूप॥2॥

विर्कताई कौ अंग

मेरे मन मैं पड़ि गई, ऐसी एक दरार।
फटा फटक[4] पषाँण[5] ज्यूँ, मिल्या न दूजी बार॥1॥
नीर पिलावत क्या फिरै, सायर[6] घर घर बारि।
जो त्रिषावंत होइगा, तो पीवेगा झष मारि[7]॥2॥
सत गंठी[8] कोपीन[9] है, साध न मानै संक।
राँम अमलि माता रहै, गिणैं इंद्र कौ रंक॥3॥
दावै[10] दाझण होत है, निरदावै निरसंक।
जे नर निरदावै रहैं, ते गणै इंद्र कौ रंक॥4॥

सम्रथाई कौ अंग

नाँ कुछ किया न करि सक्या, नाँ करणे जोग सरीर।
जे कुछ किया सु हरि किया, ताथैं[11] भया कबीर कबीर॥1॥
कबीर किया कछू न होत है, अनकीया सब होइ।
जे किया कछु होत है, तो करता औरै[12] कोइ॥2॥
सात समंद की मसि[13] करौं, लेखनि सब बनराइ[14]।
धरती सब कागद करौं, तऊ हरि गुण लिख्या न जाइ॥3॥

---

1. पति, ब्रह्म 2. व्यभिचार 3. तत्त्व 4. स्फटिक 5. पाषाण पत्थर 6. समुद्र 7. विवश होकर
(मुहावरा) 8. सात गाँठों वाली 9. साधुओं द्वारा धारण किया जानेवाला वस्त्र 10. अधिकार
जतानेवाला 11. जिससे 12. दूसरा 13. स्याही 14. वन प्रदेश

झल[1] बाँवे[2] झल दाँहिनैं, झलहिं माँहि ब्यौहार।
आगैं पीछै झलमई, राखै सिरजनहार ॥4॥
साई मेरा बाँणियाँ,[3] सहजि करै ब्यौपार।
बिन डाँडी बिन पालड़ै, तोलै सब संसार ॥5॥
कबीर करणी क्या करै, जे राँम न कर सहाइ।
जिहिं जिहिं डाली[4] पग धरै, सोई नवि नवि[5] जाइ ॥6॥
साई[6] सूँ सब होत है, बंदे[7] थै कछु नाहिं।
राई थैं परबत करै, परबत राई माहिं ॥7॥

सबद कौ अंग

कबीर सबद सरीर मैं, बिनि गुण[8] बाजै तंति[9]।
बाहरि भीतरि भरि रह्या, ताथैं छूटि भरंति[10] ॥1॥
सतगुर ऐसा चाहिए, जैसा सिकलीगर[11] होइ।
सबद मसकला[12] फेरि करि, देह द्रपन करे सोइ ॥2॥
सतगुर साँचा सूरिवाँ,[13] सबद जु बाह्या एक।
लागत ही भैं[14] मिलि गया, पड़ा कलेजे छेक ॥3॥
हरि रस जे जन बेधिया, सतगुण सी गणि नाहि।
लागी चोट सरीर मैं, करक[15] कलेजे माँहि ॥4॥
ज्यूँ ज्यूँ हरिगुण साभलूँ, त्यूँ त्यूँ लागै तीर।
साँठी साँठी[16] झड़ि पड़ि, हलका रह्या सरीर ॥5॥

जीवनमृतक कौ अंग

घर जालौं[17] घर उबरे, घर राखौं घर जाइ।
एक अचंभा देखिया, मड़ा[18] काल कौं खाइ ॥1॥

---

1. अग्नि 2. बायें 3. वणिक, बनिया 4. शाखा 5. झुक 6. स्वामी 7. सेवक, मनुष्य 8. रस्सी, तार 9. तंत्री 10. भ्रांति 11. औज़ारों पर धार देने वाला कारीगर 12. पत्थर जो धार देने में इस्तेमाल होता है 13. योद्धा 14. भूमि 15. वेदना, कष्ट 16. भारी 17. जलाऊँ 18. मृतक

मरताँ मरताँ जग मुवा, औसर[1] मुवा न कोइ।
कबीर ऐसैं मरि मुवा,[2] ज्यूँ बहूरि[3] न मरना होइ ॥2॥
बैद[4] मुवा रोगी मुवा, मुवा सकल संसार।
एक कबीरा ना मुवा, जिनि के राम अधार ॥3॥
जीवन थै मरिबो भलौ, जौ मरि जानै कोइ।
मरनै पहली जे मरे, तौ कलि अजरावर[5] होइ ॥4॥
आपा[6] मेट्या हरि मिलै, हरि मेट्या सब जाइ।
अकथ कहाणी प्रेम की, कह्या न को पत्याइ[7] ॥5॥
बुरा बुरा सब को कहै, बुरा न दीसे[8] कोइ।
जे दिल खोजौ आपणो, बुरा न दीसे कोइ ॥6॥
कबीर चेरा[9] संत का, दासिन का परदास।
कबीर ऐसे है रह्या, ज्यूँ पांऊँ तलि[10] घास ॥7॥
रोड़ा भया तो क्या भया, पंथी को दुख देइ।
हरिजन ऐसा चाहिए, जिसी जिमीं[11] की खेह[12] ॥8॥
पाणीं भया तो क्या भया, ताता[13] सीता[14] होइ।
हरिजन ऐसा चाहिए, जैसा हरि ही होइ ॥9॥

चित कपटी कौ अंग

कबीर तहाँ न जाइए, जहाँ कपट का हेत।
जालूँ[15] कली कनीर[16] की, तन रातो मन सेत[17] ॥1॥

गुरुसिष हेरा कौ अंग

ऐसा कोई न मिले, हम कों दे उपदेस।
भौसागर[18] में डूबता, कर गहि काढ़े केस[19] ॥1॥

---

1. अवसर 2. मरा 3. वापस, फिर 4. वैद्य 5. अजर-अमर 6. अपनापन 7. विश्वास करता है
8. दिखाई पड़ता है 9. चेला 10. पाँव तले 11. ज़मीन 12. धूल 13. गर्म 14. शीतल 15. जलाऊँ
16. कनेर 17. श्वेत, सफ़ेद 18. भवसागर 19. केश, बाल

ऐसा कोई न मिले, हम को लेइ पिछानि[1]।
अपना करि किरपा करे, ले उतारै मैदानि ॥2॥

ऐसा कोई ना मिले, राम भगति का गीत।
तनमन सौंपे मृग ज्यूँ, सुने बधिक[2] का गीत ॥3॥

ऐसा कोई ना मिले, अपना घर देइ जराइ[3]।
पंचूँ[4] लरिका[5] पटिक करि, रहै राम ल्यौ लाइ ॥4॥

ऐसा कोई ना मिले, जासौं[6] रहिये लागि।
सब जग जलता देखिये, अपणीं अपणीं आगि ॥5॥

ऐसा कोई ना मिले, सब बिधि देइ बताइ।
सुनि[7] मण्डल मैं पुरिष एक, ताहि रहै ल्यौं[8] लाइ ॥6॥

हम देखत जग जात[9] है, जग देखत हम जाँह।
ऐसा कोई ना मिले, पकड़ि छुड़ावै बाँह ॥7॥

सारा सूरा बहु मिलें, घाइल[10] मिले न कोइ।
घाइल ही घाइल मिले, तब राम भगति दिढ़[11] होइ ॥8॥

प्रेमी ढूँढ़त मैं फिरौं,[12] प्रेमी मिलै न कोइ।
प्रेमी कौं प्रेमी मिलै, तब सब बिष अमृत होइ ॥9॥

हेत प्रीत सनेह कौ अंग

कमोदनी जलहरि बसै, चंदा बसै अकासि।
जो जाही का भावता,[13] सो ताही कै पास ॥1॥

सूरा तन कौ अंग

गगन दमाँमाँ[14] बाजिया, पड़ा निसानै[15] घाव।
खेत बुहार्या[16] सूरिवै,[17] मुझ मरणे का चाव ॥1॥

---

1. पहचान 2. शिकारी 3. जलाना 4. पंचेन्द्रियाँ 5. लड़का 6. जिससे 7. शून्य 8. लगन 9. जाता है, नष्ट होता है 10. घायल 11. दृढ़ 12. फिरता हूँ 13. अच्छा लगता है 14. नगाड़ा 15. नगाड़े से (ध्वनि से) 16. साफ़ किए 17. योद्धा

सूरा तबही परषिये, लड़ै धणीं[1] के हेत[2]।
पुरिजा[3] पुरिजा है पड़ै, तऊ न छाड़ै खेत[4] ॥2॥
अब तो झूझ्याँही बणौं, मुड़ि[5] चाल्या घर दूरि।
सिर साहिब कौं सौंपता, सोच न कीजै सूरि[6] ॥3॥
जिस मरनै थे जग डरै, सो मरे आनंद।
कब मरिहूँ[7] कब देखिहूँ, पूरन परमाँनंद ॥4॥
कायर बहुत पमाँवही[8] बहकि[9] न बोलै सूर।
कॉम पड़्याँ ही जाँणिहै, किसके मुख परि नूर ॥5॥
जाइ पूछौ उस घाइलै,[10] दिवस पीड निस जाग।
बाँहणहारा[11] जाणिहै, कै जाँणै जिस लाग ॥6॥
दूरि भया तौ का भया, सिर दे नेड़ा[12] होइ।
जब लग सिर सौंपे नहीं, कारिज सिधि न होइ ॥7॥
कबीर यहु घर प्रेम का, खाला[13] का घर नाहिं।
सीस उतारै हाथि करि, सो पैसे[14] घर माँहि ॥8॥
प्रेम न खेती नींपजे, प्रेम न हाटि[15] बिकाइ।
राजा परजा जिस रुचै,[16] सिर दे सो ले जाइ ॥9॥
सूरै सीस उतारिया, छाड़ी[17] तन की आस।
आगै थैं हरि मुलकिया,[18] आवत देख्या दास ॥10॥
भगति दुहेली[19] राम की, नहिं कायर का काम।
सीस उतारै हाथि करि, सो लेसी हरि नाम ॥11॥
भगति दुहेली राँम की, नहिं जैसि खाड़े[20] की धार।
जे डोलै[21] तो कटि पड़ै, नहीं तो उतरै पार ॥12॥
भगति दुहेली राँम की, जैसी अगनि की झाल[22]।
डाकि[23] पड़ै ते ऊबरे, दाधे कौतिगहार[24] ॥13॥

---

1. स्वामी 2. हित में 3. टुकड़ा 4. युद्ध भूमि 5. मुड़कर 6. योद्धा 7. मरूँगा 8. घमंड करता है 9. बहक कर 10. घायल 11. चलाने वाला 12. पास 13. मौसी 14. प्रवेश करे 15. बाज़ार 16. अच्छा लगे 17. छोड़ दी 18. प्रसन्न हुए 19. कठिन 20. तलवार 21. विचलित होता है 22. ज्वाला 23. कूदना 24. कौतूहलवश

जेते तारे रैणि[1] के, तेते बैरी[2] मुझ।
धड़ सूली सिर कंगुरै, तऊ न बिसारौं तुझ॥14॥
सिर साटै[3] हरि सेविए, छाड़ि जीव की बाँणि।
जे सिर दीया हरि मिलै, तब लगि हाँणि न जाणि॥15॥
सती पुकारै सूलि चढ़ी, सुनी रे मीत मसाँन[4]।
लोग बटाऊ[5] चलि गए, हम तुझ रहे निदान॥16॥
सती बिचारी सत किया, काठौं[6] सेज बिछाइ।
ले सूती[7] पीव आपणा, चहुँ दिसि अगनि लगाइ॥17॥
सती जलन कूँ नीकली, चित धरि एकबमेख[8]।
तन मन सौंप्या पीव कूँ, तब अंतर रही न रेख॥18॥
हौं[9] तोहि पूछौं हे सखी, जीवत[10] क्यूँ न मराइ।
मूंवा पीछे सत करै, जीवत क्यूँ न कराइ॥19॥

काल कौ अंग

झूठे सुख कौ सुख कहैं, मानत है मन मोद[11]।
खलक[12] चबीणाँ[13] काल का, कुछ मुख मैं कुछ गोद॥1॥
काल सिहाँणै[14] यों खड़ा, जागि पियारो म्यंत[15]।
रामसनेही बाहिरा तूँ क्यूँ सोवै नच्यंत[16]॥2॥
आज कहै हरि काल्हि भजौंगा, काल्हि कहे फिरि काल्हि।
आज ही काल्हि करंतड़ाँ,[17] औसर[18] जासि चालि॥3॥
कबीर पल की सुधि नहीं, करै काल्हि का साज।
काल अच्यंता[19] झड़पसी, ज्यूँ तीतर को बाज॥4॥
मालन आवत देखि करि, कलियाँ करी पुकार।
फूले फूले चुणि लिए, काल्हि[20] हमारी बार॥5॥

फाँगुण आवत देखि करि, बन रूना[1] मन माँहि।
ऊँची डाली पात है, दिन दिन पीले थाँहि[2] ॥6॥
पात पंडता[3] यों कहै, सुनि तरवर बणराइ।
अब के बिछुड़े ना मिलै, कहि दूर पड़ैगे जाइ॥7॥
जो ऊग्या सो आँथवै,[4] फूल्या सो कुमिलाइ।
जो चिणियाँ सो ढहि पड़ै, जो आया सो जाइ॥8॥
जो पहर्या सो फाटिसी, नाँव धर्या सो जाइ।
कबीर सोइ तत्त गहि, जो गुरि[5] दिया बताइ॥9॥
निधड़क बैठा राम बिन, चेतनि करै पुकार।
यहु तन जल का बुदबुदा, बिनसत[6] नाहीं बार॥10॥
पाँणी केरा[7] बुदबुदा, इसी हमारी जाति।
एक दिनाँ छिप जाँहिंगे, तारे ज्यूँ परभाति॥11॥
कबीर यहु जग कुछ नहीं, षिन[8] षारा षिन मीठ।
काल्हि जु बैठा माड़ियां,[9] आज नसाँणाँ दीठ॥12॥
काएँ चिणावै मालिया,[10] लाँबी भीति उसारि[11]।
घर तौ साढ़ी तीनि हाथ, घणौ तौ पौंणा चारि[12] ॥13॥
ऊँचा महल चिणाँइयाँ, सोवन[13] कलसु चढ़ाइ।
ते मंदर खाली पड़ा, रहे मसाणी[14] जाइ॥14॥
कबीर कहा गरबियो, काल गहै[15] कर केस।
नाँ जाँणै कहाँ मारिसी,[16] कै घर कै परदेस॥15॥
कबीर जंत्र[17] न बाजई, टूटि गए सब तार।
जंत्र बिचारा क्या करै, चलै बजावणहार॥16॥
धवणि[18] धवंती[19] रहि गई, बुझि गए अंगार।
अहरणि[20] रह्या ठमूकड़ा,[21] जब उठि चले लुहार॥17॥

---

1. रोया, उदास हुआ 2. होते हैं 3. गिरते हुए 4. अस्त होगा 5. गुरु 6. नष्ट होते हुए 7. का
8. क्षण 9. झरोखे में 10. महल 11. उठाकर 12. पौन चार 13. सुवर्ण 14. श्मशान 15. पकड़े हुए
16. मारेगा 17. यंत्र, वाद्य 18. भट्टी 19. धधकती 20. भट्टी 21. हथौड़ा

पंथी ऊभा पंथ सिरि, बुगचा[1] बाँध्या पूठि।
मरणाँ मुँह आगै खड़ा, जीवण का सब झूठ॥18॥
बरिया[2] बीती बल गया, अरू बुरा कमाया।
हरि जिन छाड़ै हाथ थैं, दिन नेड़ा आया॥19॥
काची काया मन अथिर, थिर[3] थिर काँम करंत।
ज्यूँ ज्यूँ नर निधड़क[4] फिरै, त्यूँ त्यूँ काल हसंत॥20॥

सजीवनी कौ अंग

जहाँ जुरा[5] मरण ब्यापै नहीं, मुवा न सुणिये कोइ।
चलि कबीर तिहि देसड़ै, जहाँ बैद विधाता होइ॥1॥
कबीर हरि चरणौं चल्या, माया मोह थैं टूटि।
गगन मंडल आसण किया, काल गया सिर कूटि[6]॥2॥
यहु मन पटकि पछाड़ि लै, सब आपा[7] मिटि जाइ।
पंगुल है पिवपिव करै, पीछै काल न खाइ॥3॥
तरवर तास[8] बिलंबिए,[9] बारह मास फलंत।
सीतल छाया गहर[10] फल, पंषी केलि करंत॥4॥

अपारिष कौ अंग

एक अचंभा देखिया, हीरा हाटि बिकाइ।
परिषणहारे बाहिरा,[11] कौड़ी बदले जाइ॥1॥
कबीर गुदड़ी बीषरी,[12] सौदा गया बिकाइ।
खोटा बाँध्याँ गाँठड़ी, इब[13] कुछ लिया न जाइ॥2॥
पैंड़ैं[14] मोती बिखर्या, अंधा निकस्या आइ।
जोति बिनाँ जगदीश की, जगत उलंघ्या जाइ॥3॥

---

1. गठरी 2. समय, आयु 3. स्थिर, स्थायी 4. निर्भय 5. जरा, बुढ़ापा 6. सिर कूट कर, परेशान होकर (मुहावरा) 7. अपनापन 8. उस 9. रहिए, विश्राम कीजिए 10. सघन, भरपूर 11. अज्ञानी, नासमझ 12. बिखर गयी 13. अब 14. कदम

पारिष कौ अंग

जग गुण कूँ[1] गाहक मिलै, तब गुण लाख बिकाइ।
जब गुण कौ गाहक नहीं, तब कौड़ी बदले जाइ ॥1॥
हरि हीराजन जौहरी, ले ले माँडिय हाटि।
जबर[2] मिलैगा पारिषु, तब हीराँ की साटि[3] ॥2॥

उपजणि कौ अंग

नाव न जाणै गाँव का, मारगि लागा जाउँ।
काल्हि जु काटा भाजिसी,[4] पहिली क्यों न खड़ाउँ ॥1॥
सीष भई संसार थैं, चले जु साईं पास।
अबिनासी मोहिं ले चल्या, पुरई[5] मेरी आस ॥2॥
कबीर हरिका डर्पतां, ऊन्हाँ[6] धान न खाँउँ।
हिरदय भीतर हरि बसै, ताथै[7] खरा डराउँ ॥3॥
कबीर सुपिनै हरि मिल्या, सूताँ लिया जगाइ।
आँषि न मीचौं डरपता,[8] मति सुपिनाँ है जाइ ॥4॥
गोब्यंद कै गुण बहुत है, लिखे जु हरिदै माँहि।
डरता पाँणी ना पिउँ, मति वे[9] धोये जाँहि ॥5॥
भौ[10] समंद विष जल भर्या, मन नहीं बाँधै धीर।
सबल सनेही[11] हरि मिले, तब उतरे पारि कबीर ॥6॥
कबीर केसौ की दया, संसा घाल्या खोइ।
जे दिन गए भगति बिन, ते दिन सालै[12] मोहि ॥7॥

---

1. को 2. जब भी 3. व्यापार, सौदा 4. भगेगा 5. पूर्ण हुई 6. गर्म 7. उससे 8. डरता हूँ 9. कहीं
वे 10. भव, संसार 11. प्रेमी 12. कष्ट देते हैं

सुंदरी कौ अंग

कबीर सुंदरि यों कहै, सुणि हो कंत[1] सुजाँण ।
बेगि मिलौ तुम आइ करि, नहीं तर तजौं पराँण ॥1॥
कबीर जाकी सुंदरी, जाँणि करै विभचार[2] ।
ताहि न कबहूँ आदरै,[3] प्रेम पुरिष भरतार ॥2॥
जे सुंदरि साईं भजै, तजै आन की आस ।
ताहि न कबहूँ परहरै,[4] पलक न छाड़ै पास ॥3॥

कस्तुरिया मृग कौ अंग

कस्तूरी कुंडलि बसै, मृग ढूँढै बन माँहि ।
ऐसै घटि[5] घटि राँम हैं, दुनियाँ देखै नाँहि ॥1॥
हूँ रोऊँ संसार कौ, मुझे न रोवै कोइ ।
मुझको सोई रोइसी,[6] जे राम सनेही होइ ॥2॥
कबीर खोजी राम का, गया जु सिंघल दीप ।
राम तौ घट भीतर रमि रह्या, जो आवै परतीत[7] ॥3॥
ज्यूँ नैनूँ मैं पूतली, त्यूँ खालिक[8] घट माँहि ।
मूरखि लोग न जाँणहिं, बाहरि ढूँढण जाँहि ॥4॥

निंदया कौ अंग

लोगे विचारा नींदई, जिन्ह न पाया ग्याँन ।
राँम नाँव राता[9] रहै, तिनहूँ, न भावै आँन[10] ॥1॥
दोख[11] पराये देखि करि, चल्या हसंत हसंत ।
अपने च्याँति[12] न आवई, जिनकी आदि न अंत ॥2॥

---

1. पति 2. व्यभिचार 3. सम्मान करता है 4. छोड़ता है 5. आत्मा 6. रोएगा 7. विश्वास 8. जगत्
9. अनुरक्त 10. अन्य 11. दोष 12. चिन्ता

निंदक नेड़ा राखिये, आँगणि[1] कुटी बँधाइ[2]।
बिन साबण पाँणी बिना, निरमल करै सुभाइ ॥3॥
कबीर घास न नींदिये,[3] जो पाऊँ तलि होइ।
उड़ि पड़ै जब आँखि में, खरा दुहेली[4] होइ ॥4॥
कबीर आप[5] ठगाइये, और न ठगिये कोइ।
आप ठग्याँ सुख ऊपजै, और ठग्याँ दुख होइ ॥5॥
अब कै जे साईं मिलैं, तौ सब दुख आपौं[6] रोइ।
चरनूँ ऊपर सीस धरि, कहूँ ज कहणाँ होइ ॥6॥

निगुणा कौ अंग

हरिया जाँणै रूषड़ा,[7] उस पाँणीं का नेह।
सूका[8] काठ न जाणई, कबहू बूठा[9] मेह[10] ॥1॥
झिरिमिरि झिरिमिरि बरषिया, पाँहण ऊपरि मेह।
माटी गलि सैंजल[11] भई, पाँहण वोही तेह[12] ॥2॥
कहत सुनत सब दिन गए, उरझि न सुरझा[13] मन।
कहि कबीर चेत्या नहीं, अजहूँ सुपहला दिन ॥3॥
सरपहि[14] दूध पिलाइये, दूधैं विष है जाइ।
ऐसा कोई नाँ मिले, स्यूँ[15] सरपैं विष खाइ ॥4॥
ऊँचा कूल के कारणै, बंस[16] बध्या[17] अधिकार।
चंदन बास भेदै नहीं, जाल्या[18] सब परिवार ॥5॥
कबीर चंदन के निड़ै,[19] नीव[20] भि चंदन होइ।
बूड़ा[21] बंस बड़ाइताँ,[22] यौं जिनि बूड़ै कोइ ॥6॥

---

1. आँगन में 2. बाँधकर, बनाकर 3. निंदा करो 4. मुश्किल 5. स्वयं 6. कहूँगा 7. वृक्ष 8. सूखा
9. बरसा 10. बरसात 11. सजल 12. वही-का-वही 13. सुलझा 14. साँप को 15. जो 16. बाँस
17. बढ़ा 18. जला दिया 19. पास 20. नीम 21. डूबा 22. बढ़ाकर

बीनती कौ अंग

कबीर साँईं तो मिलहगे, पूछिहिगे कुसलात[1]।
आदि अंति की कहूँगा, उर अंतर की बात॥1॥
करता करै बहुत गुण, औगुँण कोई नाहिं।
जे[2] दिल खोजौ आपणीं, तो सब औगुण मुझ माँहिं॥2॥
ज्यूँ मन मेरा तुझ सों, यौं जे तेरा होइ।
ताता[3] लोहा यौं मिले, संधि[4] न लखई कोइ॥3॥

बेलि को अंग

आगै आगै दौं[5] जलैं, पीछै हरिया होइ।
बलिहारी ता विरष[6] की, जड़ काट्याँ फल होइ॥1॥
जे काटौ तो डहडही,[7] सींचौं तौ कुमिलाइ।
इस गुणवंती बेलि का, कुछ गुँण कहाँ न जाइ॥2॥
कबीर कड़ई[8] बेलड़ी, कड़वा ही फल होइ।
साँध नाँव तब पाइए, जे बेलि बिछोहा[9] होइ॥3॥

अबीहड़ को अंग

कबीर साथी सो किया, जाके सुख दुख नहीं कोइ।
हिलि मिलि है करि खेलिस्यूँ कदे[10] बिछोह न होइं॥1॥
कबीर सिरजनहार बिन, मेरा हितू[11] न कोई।
गुण औगुण बिहड़ै[12] नहीं, स्वारथ बंधी लोइ[13] ॥2॥

---

1. कुशलक्षेम 2. जो 3. गर्म 4. जोड़ 5. दावाग्नि 6. वृक्ष 7. हरी–भरी 8. कड़वी 9. वियोग
10. कभी 11. हितेच्छु 12. छूटते 13. लोग

सबद

दुलहनी गावहु मंगलचार,
हम घरि आए हो राजा राम भरतार[1]।टेक*॥
तन रत[2] करि मैं मन रत करिहूँ, पंचतत्त[3] बराती।
राम देव मोरैं पाँहुनैं[4] आये मैं जोबन मैं माती॥
सरीर सरोवर बेदी करिहूँ, ब्रह्मा वेद उचार।
रामदेव सँगि भाँवरी[5] लैहूँ, धनि धनि भाग हमार॥
सुर तेतीसूँ कौतिग[6] आये, मुनिवर सहस अठ्यासी।
कहै कबीर हँम ब्याहि चले हैं, पुरिष एक अबिनासी॥1॥

❖ ❖ ❖

अब तोहि जान न देहुँ राम पियारे,
ज्यूँ भावै त्यूँ होहु हमारे।टेक॥
बहुत दिनन के बिछुरे हरि पाये, भाग बड़े घरि बैठे आये॥
चरननि लागि करौं बरियायी,[7] प्रेम प्रीति राखौं उरझाई।
इत मन मंदिर रहौ नित चोषै,[8] कहै कबीर करहु मति धोषैं॥2॥

❖ ❖ ❖

---

* टेक (ध्रुव) वह आरंभिक पंक्ति है, जिसकी गेय पद में आवृत्ति होती है
1. पति 2. अनुरक्त 3. पंच तत्त्व (क्षिति, जल, पावक, गगन और समीर) 4. अतिथि 5. फेरे,
परिक्रमाएँ 6. कोटिक, करोड़ 7. वंदन, सेवा 8. अच्छे

अवधू ग्यान लहरि धुनि मांडी रे।

सबद अतीत अनाहद राता, इहि विधि त्रिष्णाँ षाँड़ी[1]।टेक॥

बन कै ससै[2] समंद पर कीया मंछा[3] बसै पहाड़ी।

सुई पीवै ब्रॉह्मण मतवाला, फल लागा बिन बाड़ी[4]॥

षाङ[5] बुणैं कोली मैं बैठी, मैं खूँटा मैं गाड़ी।

ताँणे वाणे[6] पड़ी अनँवासी, सूत कहै बुणि गाढ़ी॥

कहै कबीर सुनहु रे संतौ, अगम ग्यान पद माँही।

गुरु प्रसाद सुई कै नाँकै,[7] हस्ती आवै जाँही॥3॥

एक अचंभा देखा रे भाई, ठाढ़ा[8] सिंघ चरावै गाई।टेक॥

पहले पूत पीछे भइ माँई, चेला कै गुरु लागै पाई।

जल की मछली तरवर ब्याई, पकरि बिलाई[9] मुरगै खाई॥

बैलहि डारि गूँनि घरि आई, कुत्ता कूँ लै गई बिलाई॥

तलिकर[10] साषा ऊपरि करि मूल बहुत भाँति जड़ लगे फूल।

कहै कबीर या पद को बूझै, ताँकूँ तीन्यूँ त्रिभुवन सूझै॥4॥

---

1. खंडित की, नष्ट की 2. खरगोश 3. मछली 4. वाटिका 5. थान 6. ताने-बाने 7. नोक 8. खड़ा हुआ 9. बिलाव 10. तल में

अब मोहि ले चलि नणद के बीर, अपने देसा।

इन पंचनि[1] मिलि लूटी हूँ, कुसंग आहि बदेसा।टेक॥

गंग तीर मोरी खेती बारी, जमुन तीर खरिहानाँ[2]।

सातौं[3] बिरही मेरे निपजैं, पंचूँ मोर किसानाँ॥

कहै कबीर यह अकथ कथा है, कहताँ कही न जाई।

सहज भाइ जिहिं ऊपजै, ते रमि रहै समाई॥5॥

मन रे जागत रहिये भाई।

गाफिल[4] होइ बसत मति खोवै, चोर मूसै घर जाई।टेक॥

षट चक की कनक कोठड़ी, बसत भाव है सोई।

ताला कूँजी कुलफ के लागे, उघड़त बार न होई॥

पंच पहरवा[5] सोइ गये हैं, बसतै जागण लोगी।

करत बिचार मनहीं मन उपजी, नाँ कहीं गया न आया।

कहै कबीर संसा[6] सब छूटा, राम रतन धन पाया॥6॥

---

1. पाँच तत्त्व 2. खलिहान 3. पाँच तत्त्व और मन तथा बुद्धि 4. बेसुध 5. रक्षक 6. संशय

संतौं धागा टूटा गगन बिनसि[1] गया, सबद जु कहाँ समाई।
ए संसा मोहि निस दिन व्यापै, कोइ न कहैं समझाई।।टेक।।
नहीं ब्रह्मंड पुँनि नाँही, पंचतत भी नाहीं।
इला प्यंगुला सुखमन नाँही, ए गुण कहाँ समाहीं।
नहीं ग्रिह द्वारा कछू नहीं, तहियाँ रचनहार पुनि नाँहीं।
जीवनहार अतीत सदा संगि, ये गुण तहाँ समाँहीं॥
तूटै बँधै बँधै पुनि तूटै, तब तब होइ बिनासा।
तब को ठाकुर अब को सेवग, को काकै बिसवासा॥
कहै कबीर यहु गगन न बिनसै, जौ धागा उनमाँनाँ।
सीखें सुने पढ़ें का कोई, जौ नहीं पदहि[2] समाँना॥7॥

❖   ❖   ❖

पाँडे कौन कुमति तोहि लागी,
तूँ राम न जपहि अभागी[3]।।टेक।।
वेद पुरान पढ़त अस पाँडे खर[4] चंदन जैसैं भारा।
राम नाम तत समझत नाँहीं, अंति पड़ै मुखि छारा[5]॥
बेद पढ्याँ का यहु फल पाँडे, सब घटि देखैं रामा।
जन्म मरन थैं तौ तूँ छूटै, सुफल हूँहि सब काँमाँ॥
जीव बधत अरु धरम कहत हौ, अधरम कहाँ है भाई।
आपन तौ मुनिजन है बैठे, का सनि कहाँ कसाई॥
नारद कहै ब्यास व्यास यौं भाषैं, सुखदेव पूछौ जाई।
कहै कबीर कुमति तब छूटै, जे रहौ राम ल्यौं[6] लाई ॥8॥

---

1. नष्ट 2. पद में 3. अभागा, भाग्यहीन 4. गधा 5. क्षार, धूल 6. लगन

पंडित बाद बदंते झूठा।

राम कह्माँ दुनियाँ गति पावै, षाँड[1] कह्माँ मुख मीठा।टेक॥

पावक कह्माँ मूष जे दाझैं, जल कहि त्रिषा बुझाई।

भोजन कह्माँ भूष जे भाजै, तौ सब कोई तिरि जाई॥

नर कै साथि सूवा[2] हरि बोलै, हरि परताप न जानै।

जो कबहूँ उड़ि जाइ जंगल में, बहुरि[3] न सुरतै आनै॥

साची प्रीति विषै माया सूँ, हरि भगतनि सूँ हासी।

कहै कबीर प्रेम नहीं उपज्यौ, बाँध्यौ जमपुरि जासी॥9॥

❖ ❖ ❖

कथता बकता सुनता सोई,

आप बिचारै सो ग्यानी होई।टेक॥

जैसे अगनि पवन का मेला, चंचल बुधि का खेला।

नव दरवाजे दसूँ दुवार,प बूझि रे ग्यानी ग्यान विचार॥

देहौ माटी बोलै पवनाँ, बूझि रे ज्ञानी मूवा[4] स कौनाँ।

मुई सुरति बाद अहंकार, वह न मूवा जो बोलणहार॥

जिस कारनि तटि तीरथि जाँहीं, रतन पदारथ घटहीं[5] माहीं।

पढ़ि पढ़ि पंडित बेद बषाँणै, भीतरि हूती बसत न जाँणै॥

हूँ न मूवा मेरी मुई बलाइ,[6] सो न मुवा जौ रह्या समाइ।

कहै कबीर गुरु ब्रह्म दिखाया, मरता जाता नजरि न आया॥10॥

❖ ❖ ❖

---

1. शक्कर 2. तोता 3. फिर, वापस 4. मृत 5. शरीर, आत्मा 6. आपदा, संकट

हम न मरैं मरिहैं संसारा,
हँम कूँ मिल्या जियावनहारा[1] ।टेक॥
अब न मरौ मरनै मन माँना, ते मूए जिनि राम न जाँना।
साकत[2] मरै संत जन जीवै, भरि भरि राम रसाइन[3] पीवै॥
हरि मरिहैं तौ हमहूँ मरिहैं, हरि न मरै हँम काहे कूँ मरिहैं।
कहै कबीर मन मनहि मिलावा, अमर भये सुख सागर पावा॥11॥

निरगुण राँम निरगुण राँम जपहु रे भाई,
अबिगति[4] की गति लखी न जाई।टेक॥
चारि बेद जाको सुमृत पुराँनाँ नौ ब्याकरनाँ[5] मरम न जाँनाँ॥
चारि बेद जाकै गरड समाँनाँ, चरन कवल कँवला नहीं जाँनाँ॥
कहै कबीर जाकै भेदै नाँहीं, निज जन बैठे हरि की छाहीं॥12॥

कौन मरै कौन जनमै आई,[1]

सरग नरक कौने गति पाई।।टेक।।

पंचतत अविगत थैं उतपनाँ[2] एकै किया निवासा।

बिछूरे तत फिरि सहज समाँनाँ, रेख रही नहीं आसा।।

जल मैं कुंभ कुंभ मैं जल है, बाहरि भीतरि पानी।

फूटा कुंभ जल जलहिं समानाँ, यह तत कथौ[3] गियानी।।

आदै[4] गगनाँ अंतै गगनाँ मधे[5] गगनाँ माई।

कहै कबीर करम किस लागै, झूठी संक उपाई[6] ।।13।।

❖ ❖ ❖

राँम मोहि तारि[7] कहाँ लै जैहो।

सो बैकुंठ कहौ धूँ कैसा, करि पसाव[8] मोहि दैहो ।।टेक।।

जे मेरे जीव दोइ जाँनत हौ, तौ मोहि मुकति बताओ।

एकमेक रमि रह्या सबनि मैं, तो काहे भरमावै।।

तारण तिरण जबै लग कहिये, तब लग तत न जाँनाँ।

एक राँम देख्या सबहिन मैं कहै कबीर मन माँनाँ।।14।।

❖ ❖ ❖

---

1. आकर 2. उत्पन्न हुआ 3. कहा 4. आदि में, आरंभ में 5. मध्य में 6. पैदा की 7. उद्धार करके
8. कृपा, अनुग्रह

काजी कौन कतेब[1] बषांनैं।

पढ़त पढ़त केते दिन बीते, गति एकै नहीं जानैं।।टेक।।

सकति[2] से नेह पकरि करि सुंनति,[3] बहु नबदूँ रे भाई।

जौर षुदाई तुरक मोहिं करता, तौ आपै कटि किन जाई।।

हौं तौ तुरक किया करि सुंनति, औरति सौं का कहिये।

अरध सरीरी नारि न छूटै, आधा हिन्दू रहिये।।

छाँड़ि कतेब राँम कहि काजी, खून करत हौ भारी।

पकरी टेक कबीर भगति की, काजी रहै झष मारी।।15।।

कोई पीवै रे रस राम नाम का, जो पीवै सो जोगी रे।

संतौ सेवा करौ राम की, और न दूजा भोगी रे।।टेक।।

यहु रस तौ सब फीका भया, ब्रह्म अगनि परजारी[4] रे।

ईश्वर गौरी पीवन लागे, राँम तनीं मतिवारी रे।।

चंद सूर दोइ भाठी[5] कीन्ही सुषमनि चिगवा[6] लागी रे।

अंमृत कूँ पी साँचा पुरया, मेरी त्रिष्णाँ भागी रे।।

यहु रस पीवै गूँगा गहिला,[7] ताकी[8] कोई न बूझै सार रे।

कहै कबीर महा रस महँगा, कोई पीवेगा पीवणहार रे।।16।।

<hr>

1. किताब, कुरान 2. शक्ति 3. सुन्नत, खतना 4. प्रज्ज्वलित की 5. भट्टी 6. चुगने 7. पागल
8. उसकी

काहै रे मन दह[1] दिस धावै, विषिया संगि संतोष न पावै।।टेक।।

जहाँ जहाँ कलपैं तहाँ बंधना, तरन कौ थाल कियौं तैं रथनाँ।।

जौ पै सुख पइयत इन माँही, तौ राज छाड़ि कत बन कौं जाँहीं।।

आनँद सहत तजौ विष नारी, अब क्या झीषै[2] पतित भिषारी।।

कहै कबीर यहु सुख दिन चारि, तजि विषिया भजि चरन मुरारि।।17।।

मन रे तन कागद का पुतला।

लागै बूँद बिनसि जाइ छिन में, गरब कर क्या इतना।।टेक।।

माटी खोदहिं भीत उसारैं,[3] अंध कहै घर मेरा।।

आवै तलब बाँधि लै चालैं, बहुरि न करिहै फेरा।।

खोट कपट करि यहु धन जोर्या, लै धरती मैं गाड्यौ।।

रोक्यो घटि साँस नहीं निकसै, ठौर ठौर सब छाड्यौ।।

कहै कबीर नट नाटिक थाके, मदला[4] कौन बजावै।।

गये पषनियाँ[5] उझरी बाजी, को काहू कै आवै।।18।।

<hr>

1. दस 2. दु:खी होता है 3. चुनता है, खड़ी करता है 4. एक वाद्य 5. पक्षी

का माँगूँ कुछ थिर न रहाई, देखत नैन चल्या जग जाई।।टेक।।

इक लष पूत सवा लष नाती, ता रावन घरि दिया न बाती।।

लंका सी कोट[1] समंद सी खाई, ता रावन का खबरि न पाई।।

आवत संग जात सँगाती, कहा भयौ दरि[2] बाँधे हाथी।।

कहै कबीर अंत की बारी, हाथ झाड़ि जैसे चले जुवारी।।19।।

काह कूँ माया दुख करि जोरी,

हाथि चूँन[3] गज पाँच पछेवरी[4]।।टेक।।

नाँ को बँध न भाई साँथी, बाँधे रहे तुरंगम हाथी।।

मैड़ौ[5] महल बावड़ी छाजा,[6] छाड़ि गये सब भूपति राजा।।

कहै कबीर राम ल्यौ लाई, धरी रही माया काहू खाई।।20।।

---

1. दुर्ग की दीवार 2. दरवाज़ा 3. आटा 4. ओढ़ने का वस्त्र, पाँच गज वस्त्र 5. छतवाला भवन
6. छज्जा

नर जाँणै अमर मेरो काया,
घर घर बात दुपहरी छाया।टेक॥
मारग छाड़ि कुमारग जौवै, आपण मरैं और कूँ रोवै॥
कछू एक किया एक करणा, मुगध न चेतै निहचै[1] मरणाँ॥
ज्यूँ जल बूँद तैसा संसारा उपजत, बिनसत लागै न बारा[2]॥
पंच पँषुरिया एक सरीरा, कृष्ण केवल[3] दल भवर कबीरा॥21॥

❖ ❖ ❖

हरि जननी मैं बालिक तेरा,
काहे न औगुण बकसहु मेरा।टेक॥
सुत[4] अपराध करै दिन केते,[5] जननी कै चित रहै न तेते॥
कर गहि केस करे जौ घाता,[6] तऊ न हेत उतारै माता॥
कहैं कबीर एक बुधि बिचारी, बालक दुखी दुखी महतारी॥22॥

❖ ❖ ❖

---

1. निश्चय 2. देर 3. कमल 4. बेटा 5. कितने 6. प्रहार

मैं गुलाँम मोहि बेच गुसाँई,
तन मन धन मेरा रामजी के ताँई[1] ।।टेक।।
ऑनि कबीरा हाटि[2] उतारा, सोई गाहक बेचनहारा।।
बेचै राम तो राखै कौन राखै राम तो बेचै कौन।।
कहै कबीर मैं तन मन जाना, साहब अपनाँ छिन[3] न बिसार्‌या ।।23।।

❖ ❖ ❖

अब मोहि राम भरोसा तेरा,
जाके राम सरीखा साहिब भाई, सों क्यूँ अनत[4] पुकारन जाई।।
जा सिरि तीनि लोक कौ भारा,[5] सो क्यूँ न करै जन को प्रतिपारा।।
कहै कबीर सेवौ बनवारी, सींची पेड़ पीवै सब डारी[6] ।।24।।

❖ ❖ ❖

---

1. के लिए 2. बाज़ार 3. क्षण 4. अन्यत्र 5. भार, वज़न 6. शाखा

हरि मेरा पीव भाई, हरि मेरा पीव,

हरि बिन रहि न सकै मेरा जीव।टेक॥

हरि मेरा पीव मैं हरि की बहुरिया,[1] राम बड़े मैं छुटक[2] लहुरिया[3]।

किया स्यंगार[4] मिलन कै ताँई, काहे न मिलौ राजा राम गुसाँई॥

अब की बेर मिलन जो पाँऊँ, कहै कबीर भौ जलि नहीं आँऊँ॥25॥

❖ ❖ ❖

मन रे हरि भजि हरि भजि हरि भज भाई।

जा दिन तेरो कोई नाँही, ता दिन राम सहाई।टेक॥

तंत[5] न जानूँ मंत[6] न जानूँ, जानूँ सुंदर काया।

मीर मलिक छत्रापति राजा, ते भी खाये माया॥

बेद न जानूँ, भेद न जानूँ, जानूँ एकहि रामाँ॥

पंडित दिसि पछिवारा कीन्हाँ, मुख कीन्हौं जित नामा।

राज अंबरीक के कारणि, चक्र सुदरसन जारै[7]।

दास कबीर कौ ठाकुर ऐसौ, भगत की सरन उबारै॥26॥

❖ ❖ ❖

---

1. बहू 2. छोटा 3. अंतिमवाला भाई 4. शृंगार 5. तंत्र 6. मंत्र 7. जलाया

डगमग छाड़ि दै मन बौरा[1]।

अब तौ जरें बरें बनि आवै, लीन्हों हाथ सिंधौरा[2]।टेक॥

होइ निसंक मगन है नाचौ, लोभ मोह भ्रम छाड़ौ॥

सूरौ[3] कहा मरन थैं डरपैं, संतों न संचैं[4] भाड़ौ॥

लोक वेद कुल की मरजादा, इहै कलै मैं पासी[5]।

आधा चलि करि पीछा फिरिहै है है जग मैं हाँसी॥

यह संसार सकल है मैला, राम कहै ते सूवा[6]।

कहै कबीर नाव नहीं छाँड़ौं, गिरत परत चढ़ि ऊँचा॥27॥

कहा भयौ तिलक गरै[7] जपमाला,

मरम न जानैं मिलन गोपाला।टेक॥

दिन प्रति पसू[8] करै हरिहाई,[9] गरैं काठ[10] बाकी बाँनि न जाई।

स्वाँग सेत करणी मनि काली, कहा भयौ गलि माला घाली॥

बिन ही प्रेम कहा भयौ रोये, भीतरि मैल बाहरि का धोये॥

गल गल स्वाद भगति नहीं धीर, चीकन[11] चंदवा कहै कबीर॥28॥

---

1. पागल 2. सती होने के लिए प्रस्तुत स्त्री के हाथ का सिंदूर का पात्र 3. योद्धा 4. संचय, एकत्र
5. बंधन 6. सत्य 7. गले में 8. पशु 9. हरियाली 10. लकड़ी 11. चिकना

कहौ भइया अंबर काँसूँ लागा, कोई जाँणँगा जाँननहारा।टेक॥
अंबरि दीसे[1] केता तारा कौन चतुर ऐसा चितवनहारा॥
जे तुम्ह देखौ सो यहु नाँही, यहु पद अगम अगोचर माँही॥
तीनि हाथ एक अरधाई,[2] ऐसा अंबर चीन्हौ रे भाई॥
कहै कबीर जे अंबर जाने, ताही सूँ मेरा मन माँनै॥29॥

❖ ❖ ❖

जाइ परो हमरो का करिहै, आप करै आप दुख भरिहै।टेक॥
ऊभड़[3] जाताँ बाट बतावै, जौ न चलै तौ बहुत दुख पावै॥
अंधे कूप क दिया बताई, तरकि[4] पड़े पुनि हरि न पत्याई[5]॥
इंद्री स्वादि विषै रसि बहिहै, नरकि पड़े पुनि राम न कहिहै॥
पंच सखी मिलि मतौ उपायौ, जंम की पासी[6] हंस बँधायौ॥
कहै कबीर प्रतीति न आवै, पाषंड कपट इहै जिय भावै॥30॥

❖ ❖ ❖

---

1. दिखायी पड़ते हैं 2. आधा 3. ऊबड़-खाबड़ 4. बिगड़ जाए 5. विश्वास 6. बंधन

ऐसे लोगनि सूँ का कहिये।

जे नर भये भगति थैं न्यारे, तिनथैं सदा डराते रहिये।टेक॥

आपण देही[1] चरवाँ[2] पाँनी ताहि निंदै[3] जिनि गंगा आनी॥

आपण बूड़ैं[4] और कौ बोड़ै,[5] अगनि लगाइ मंदिर मैं सोवै॥

आपण अंध और कूँ काँनाँ, तिनकौ देखि कबीर डराँनाँ।31॥

बहुरि[6] हम काहैं कूँ आवहिंगे।

बिछुरे पंचतत्त की रचना, तब हम रामहि पावहिंगे।टेक॥

पृथी का गुण पाँणी सोष्या, पाँनी तेज मिलावहिंगे॥

तेज पवन मिलि सबद मिलि, सहज समाधि लगावहिंगे॥

जैसे बहु कंचन के भूषन, ये कहि गालि तवावहिंगे[7]॥

ऐसै हम लोक वेद के बिछुरें, सुनिहि[8] माँहि समावहिंगे॥

जैसे जलहि तरंग तरंगनी, ऐसैं हम दिखलावहिंगे॥

कहै कबीर स्वामी सुख सागर, हंसहि हंस मिलावहिंगे॥32॥

अकथ कहाँणी प्रेम की, कछु कही न जाई,
गूँगे केरी सरकरा,[1] बैठे मुसुकाई।टेक॥
भोमि[2] बिनाँ अरु बीज बिन, तरवर एक भाई।
अनँत फल प्रकासिया, गुर दीया बताई।
कम थिर[3] बैसि बिछरिया, रामहि ल्यौ लाई।
झूठी अनभै बिस्तरी सब थोथी[4] बाई॥
कहै कबीर सकति कछु नाही, गुरु भया सहाई॥
आँवण जाँणी[5] मिटि गई, मन मनहि समाई॥33॥

संतो सो अनभै[1] पद गहिये।

कला अतीत[2] आदि निधि निरमल ताकूँ सदा बिचारत रहिये।टेक॥

सो काजी जाकौं काल न ब्यापैं, सो पंडित पद बूझै।

सो ब्रह्मा जो ब्रह्म बिचारै, सो जागी जग सूझै॥

उदै[3] न अस्त सूर नहीं ससिहर,[4] ताकौ भाव भजन करि लीजै।

काया थैं कछु दूरि बिचारै, तास गुरु मन धीजै॥

जायौ जरै न काट्यो सूकै, उतपति प्रलै न आवै।

निराकार अषंउ मंडल मैं, पाँचौ तत्त समावै॥

लोचन अचित[5] सबै अँधियारा, बिन लोचन जग सूझै।

पड़दा खोलि मिलै हरि ताकूँ, जो या अरथहिं बूझै॥

आदि अनंत उभै[6] पख निरमल, द्रिष्टि न देख्या जाई।

ज्वाला उठी अकास प्रजल्यौ, सीतल अधिक समाई॥

एकनि गंथ बासनाँ प्रगटै जग थैं रहै अकेला॥

प्राँन पुरिस काया थैं बिछुरे, राखि लेहु गुर चेला।

भाग भर्म भया मन अस्थिर, निद्रा नेह नसाँनाँ॥

घट की जोति जगत प्रकास्या, माया सोक बुझाँनाँ।

बंकनालि[7] जे संमि करि राखै, तौ आवागमन न होई॥

कहैं कबीर धुनि लहरि प्रगटी, सहजी मिलैगा सोई॥34॥

❖ ❖ ❖

---

1. निर्भय 2. कालातीत 3. उदय 4. चंद्रमा 5. अक्षत 6. दोनों 7. सुषुम्ना, टेढ़ी नली जो बहते प्रेमरस की वाहिका है

अवधू जागत नींद न कीजै।

काल न खाइ कलप नहीं ब्यापै देही जुरा[1] न छीजै।।टेक।।

उलटी गंग समुद्रहि सोखै ससिहर सूर गरासै।

नव ग्रिह मारि रोगिया बैठे, जल में ब्यंब[2] प्रकासै।।

डाल[3] गह्वा थैं मूल न सूझै मूल गह्वाँ फल पावा।

बंबई[4] उलटि शरप कौं लागी, धरणि महा रस खावा।।

बैठ गुफा मैं सब जग देख्या, बाहरि कछू न सूझै।

उलटैं धनकि[5] पारधी[6] मार्यौ यहु अचिरज कोई बूझै।।

औंधा[7] घड़ा न जल में डूबे, सूधा सूभर भरिया।

जाकौं यहु जुग घिण करि चालैं, ता पसादि निस्तरिया।।

अंबर बरसै धरती भीजै, बूझै जाँणौं सब कोई।

धरती बरसै अंबर भीजै, बूझै बिरला कोई।।

गाँवणहारा कदे न गावै, अणबोल्या नित गावै।

नटवर पेषि पेषनाँ पेषै, अनहद बेन बजावै।।

कहणीं रहणीं निज तत जाँणैं यहु सब अकथ कहाणीं।

धरती उलटि अकासहिं ग्रसै, यहु पुरिसाँ की बाँणी।।

बाझ पिय लैं अमृत सोख्या, नदी नीर भरि राष्या।

कहै कबीर ते बिरला जोगी, धरणि महारस चाष्या।।35।।

❖ ❖ ❖

---

1. जरा, बुढ़ापा 2. बिंब 3. शाखा 4. बाँबी, साँप का बिल 5. धनुष 6. शिकारी 7. उलटा

अंतर गति अनि अनि बाँणी।

गगन गुपत[1] मधुकर मधु पीवत, सुगति सेस सिव जाँणीं।।टेक।।

त्रिगुण त्रिविध तलपत तिमरातन, तंती तत मिलानीं।

भाग भरम भाइन भए भारी, बिधि बिरचि[2] सुषि जाँणीं।।

बरन पवन अबरन बिधि पावक, अनल अमर मरै पाँणीं।

रबि ससि सुभग रहे भरि सब घटि, सबद सुनि थितिमाँही[3]।।

संकट सकति सकल सुख खोये, उदित मथित सब हारे।

कहैं कबीर अगम पुर पाटण, प्रगटि पुरातन जारे।।36।।

❖ ❖ ❖

राम बिन जन्म मरन भयौ भारी।

साधिक सिध सूर अरु सुरपति भ्रमत भ्रमत गए हारी[4]।।टेक।।

व्यंद[5] भाव म्रिग तत जंत्रक, सकल सुख सुखकारी।

श्रवन सुनि रबि ससि सिव सिव, पलक पुरिष पल नारी।।

अंतर गगन होत अंतर धुँनि बिन सासनि[6] है सोई।

घोरत सबद सुमंगल सब घटि, ब्यंदत ब्यदै[7] कोई।।

पाणीं पवन अवनि नभ पावक, तिहि सँग सदा बसेरा।

कहै कबीर मन मन करि बेध्या, बहुरि न कीया फेरा।।37।।

❖ ❖ ❖

---

1. गुप्त 2. ब्रह्मा 3. स्थितप्रज्ञ 4. हार गए 5. जानो 6. आघात 7. जानते जानते जानता है

संत धोखा कासूँ कहिए।

गुँण मैं निरगुँण निरगुँण मैं गुण है, बाट[1] छाँडि़ क्यूँ बहिए।।टेक।।

अजरा अमर कथैं सब कोई, अला न कथणाँ जाई।

नाति[2] सरूप बरण[3] नहीं जाकै, घटि घटि रह्यौ समाई।।

प्यंड[4] ब्रह्मंड कथै सब कोई, वाकै आदि अरु अंत न होई।

प्यंड ब्रह्मंड छाडि़ जे कथिए, कहैं कबीर हरि सोई।।38।।

राम राइ[5] तेरी गति जाँणीं न जाई।

जो जस करिहैं सो तस पइहै,[6] राजा राम नियाई[7]।।टेक।।

जैसीं कहैं करैं जो तैंसीं, तो तिरत न लागै बारा।

कहता कहि गया सुनता सुणि गया, करणी कठिन अपारा।

सुरही[8] तिण चरि अमृत सरवै, लेर[9] भवंगहि[10] पाई।

अनेक जतन करि निग्रह कीजे, विषै बिकार न जाई।।

संत करै असंत की संगति, तासूँ कहा बसाई।

कहैं कबीर ताके भ्रम छूटै, जे रहे राम ल्यौ लाई।।39।।

मन का भ्रम मन ही थैं भागा, सहज रूप हरि खेलण लागा।।टेक।।
मैं तैं[1] तैं ए द्वै नाहीं, आपै अकल[2] सकल घट माँहीं।
जब थैं इनमन उनमन[3] जाँनाँ, तब रूप न रेष तहाँ ले बाँनाँ।।
तन मन मन तन एक समाँनाँ, इन अनभै माहै मनमाँना।।
आतमलीन अषंडित रामाँ, कहै कबीर हरि माँहि[4] समाँनाँ।।40।।

❖   ❖   ❖

बाबा जोगी एक अकेला, जाके तीर्थ ब्रत न मेला।।टेक।।
झोली पत्र बिभूति[5] न बटवा,[6] अनहद बेन बजावै।।
माँगि न खाइ न भूखा सोवै, घर अँगना फिरि आवै।।
पाँच जना का जमाति[7] चलावै, तास गुरु मैं चेला।।
कहै कबीर उनि देस सिधाय,[8] बहुरि न इहि जगि मेला।।41।।

❖   ❖   ❖

---

1. तुम 2. अखिल 3. ब्रह्मलीन अवस्था 4. में, भीतर 5. राख 6. बटुआ 7. समूह 8. चले गए

अवधू ऐसा ज्ञाँन बिचारी, ज्यूँ बहुरि न है संसारी।टेक॥
च्यँत[1] न सोच चित बिन चितवैं, बिन मनसा मन होई।
अजपा जपत सुंनि[2] अभिअंतरि,[3] यहू तत जानैं सोई॥
कहै कबीर स्वाद जब पाया, बंक नालि रस खाया।
अमृत झरै ब्रह्म परकासैं तब ही मिलै राम राया॥42॥

❖   ❖   ❖

है कोई राम नाम बतावै, वस्तु अगोचर मोहि लखावै[4]।टेक॥
राम नाम सब बखानै, राम नाम का मरम न जाँनैं॥
ऊपर की मोहि बात न भावै, देखै गावैं तौ सुख पावै।
कहै कबीर कछू कहत न आवै, परचै[5] बिनाँ मरम को पावै॥43॥

❖   ❖   ❖

---

1. चिंता 2. शून्य 3. अभ्यंतर 4. दिखाए 5. परिचय

सो मेरा राम कबै घरि आवै,
तो देखे मेरा जिय सुख पावै।टेक॥
बिरह अगिनि तन दिया जराई, बिन दरसन क्यूँ होइ सराई[1]॥
निस बासुर[2] मन रहे उदासा, जैसैं चातिग[3] नीर पियासा॥
कहै कबीर अति आतुरताई, हमकौं बेगि मिलौ राम राई॥44॥

❖   ❖   ❖

मन मेरौ रहटा[4] रसनाँ[5] पुरइया,[6]
हरि कौ नाऊँ लैं लैं काति बहुरिया।टेक॥
चारि खूँटी दोइ चमरख[7] लाई, सहजि रहटवा दियौ चलाई।
सासू कहै काति बहू ऐसैं, बिन कातैं निसतरिबौ[8] कैसैं॥
कहै कबीर सूत भल काता, रहटाँ नहीं परम पद दाता॥45॥

❖   ❖   ❖

---

1. निर्वाह 2. दिन 3. चातक 4. चरखा 5. जीभ, वाणी 6. तकली 7. चमड़े का टुकड़े 8. निस्तारण

झूठा लोग कहैं घर मेरा।

जा घर माँहैं बोलै डोलैं, सोई नहीं तन तेरा।टेक॥

बहुत बँध्या परिवार कुटुँब मैं, कोई नहीं किस केरा।

जीवित आँषि मूँदि किन देखौ, संसार अंध अँधेरा॥

बस्ती मैं थैं मारि चलाया, जंगलि किया बसेरा।

घर कौ खरच खबरि नहीं भेजी, आप न कीया फेरा॥

हस्ती घोड़ा बैल बाँहणी, संग्रह किया घणेरा[1]।

भीतरि बीबी हरम महल मैं, साल मिया का डेरा॥

बाजी को बाजीगर जाँनैं कै बाजीगर का चेरा[2]।

चेरा कबहूँ उझकि न देखै चेरा अधिक चितेरा॥

नौ मन सूत उरझि नहीं सुरझै, जनमि जनमि उरझेरा।

कहै कबीर एक राम भजहु रे, बहुरि न हैगा फेरा॥46॥

❖ ❖ ❖

---

1. बहुत 2. शिष्य, दास

मेरी मेरी करताँ जनम गयौ, जनम गयौ पर हरि न कह्यौ।टेक॥

बारह बरस बालापन खोयौ, बीस बरस कछु तप न कीयौ।

तीन बरस कै राम न सुमिरौं, फिरि पछितानौं बिरध[1] भयो॥

आयौ चोर तुरंग[2] मुसि[3] ले गयौ, मोरी राखत मगध[4] फिरै॥

सीस चरन कर कंपन लागै, नैन नीर अस राल[5] बहै।

जिभ्या बचन सूध नहीं निकसै, तब सुकरित[6] की बात कहै॥

कहै कबीर सुनहु रे संतौ धन संच्यो कछु संगि न गयौ।

आई तलब गोपाल राइ की, मैंडी मंदिर छाड़ि चल्यौ॥47॥

हरि बिन झूठे सब ब्यौहार, केते[7] कोऊ करौ गँवार।टेक॥

झूठा जप तप झूठा ग्याँन, राम राम बिन झूठा ध्याँन।

बिधि नखेद पूजा आचार, सब दरिया[8] मैं वार न पार॥

इंद्री स्वारथ मन के स्वाद, जहाँ साच तहाँ माँडै बाद।

दास कबीर रह्या ल्यौ लाइ, भर्म कर्म सब दिये बहाइ॥48॥

---

1. वृद्ध 2. घोड़ा 3. छीनकर 4. मूर्ख 5. आँसुओं की धारा 6. सुकृत्य 7. कितने 8. समुद्र

चेतनि देखै रे जग धंधा,
राम नाम का मरम न जाँनैं, माया कै रसि अंधा।।टेक।।
जतमत हीरू कहा ले आयो, मरत कहा ले जासी।
जैसे तरवर बसत पँखेरू, दिवस चारि के बासी।।
आपा थापि[1] अवर कौ निंदै, जन्मत हो जड़ काटी।
हरि को भगति बिना यहु देही, धब लौटै[2] ही फाटी।।
काँम क्रोध मोह मद मंछर, पर अपवाद न सुणिये।
कहैं कबीर साथ की संगति, राम नाम गुण भणिये।।49।।

कैसे तूँ हरि कौ दास कहायौ,
कारे बहु भेषर जनम गँवायौ।।टेक।।
सुध बुध होइ भज्यौ नहिं सोई काछ्यो[3] ड्यँभ उदर कै ताँई।।
हिरदै कपट हरि सूँ नहीं साँचौ, कहो भयो जे अनहद नाच्यौ।।
झूठे फोकट कलू मँझारा, राम कहै ते दास नियारा।।
भगति नारदी मगन सरीरा, इहि बिधि भव तिरि कहै कबीरा।।50।।

---

1. स्थापित करके 2. दौड़-भाग 3. कच्छे (अधोवस्त्र) की तरह पहना, धारण किया

ताथैं मोहि नाचवौ, न आवै, मेरो मन मंदला[1] न बजावै।टेक॥

ऊभर[2] था ते सूभर भरिया, त्रिष्णां गागरि फूटी।

हरि चिंतत मेरो मंदला भीनौं, भरम भीयन[3] गयौ छूटी॥

ब्रह्म अगनि मैं जरी जु ममिता, पाषंड अरु अभिमानाँ।

काम चोलना भया पुराना, मोपैं होइ न आना॥

जे बहु रूप कीये ते किये, अब बहु रूप न होई।

थाकी सौंज[4] संग के बिछुरे, राम नाँम मसि धोई॥

जे थे सचल अचल हृै थाके, करते बाद बिबाद।

कहै कबीर मैं पूरा पाया, भय राम परसाद॥51॥

❖ ❖ ❖

बिरहिनी फिरै है नाम अधीरा,

उपजि बिनाँ कछू समझि न परई, बाँझ न जानै पीरा।टेक॥

या बड़[5] बिथा[6] सोई[7] भल जाँने राँम बिरह सर मारी।

कैसो जाँनै जिनि यहु लाई, कै जिनि चोट सहारी॥

संग की बिछुरी मिलन न पावै सोच करै अरु काहै।

जतन करै अरु जुगति बिचारै, रटै राँम कूँ चाहै॥

दीन भई बूझै[8] सखियन कौं, कोई मोही राम मिलावै।

दास कबीर मीन ज्यूँ तलपै, मिलै भलै सचु पावै॥52॥

❖ ❖ ❖

---

1. एक वाद्य 2. ऊबड़-खाबड़ 3. भ्रम में डूबा हुआ 4. सौत 5. बड़ी 6. व्यथा 7. वह 8. पूछती है

तेरा हरि नाँमैं जुलाहा,
मेरैं राँम रमण को लाहा[1] ।।टेक।।
दस सै सूत्रा की पुरिया पूरी, चंद सूर दोइ साखी।
अनत नाँव गिनि लई मजूरी, हिरदा कवल मैं राखी।।
सुरति सुमृति दोइ खूँटी कीन्हीं आराँभ कीया बमेकीं[2]।
ग्यान तत की नली भराई बुनित आतमा पेषीं[3]।।
अबिनासी धन लई मँजूरी, पूरी थापनि पाई।
रस बन सोधि सोधि सब आये, निकटै दिया बताई।।
मन सूधा कौ कूच कियौ है, ग्यान बिरथनीं[4] पाई।
जीव की गाँठि गुढी सब भागी, जहाँ की तहाँ ल्यौ लाई।।
बेठि बेगारि बुराई थाकी, अनभै पद परकासा।
दास कबीर बुनत सच पाया, दुख संसार सब नासा।।53।।

❖   ❖   ❖

सरवर तटि हंसणी तिसाई,[5]
जुगति बिनाँ हरि जल पिया न जाई।टेक।।
पीया चाहे तौ लै खग सारी, उड़ि न सकै दोऊ पर[6] भारी।।
कुँभ लीयै ठाढ़ी[7] पनिहारी, गुण बिन नींर भरै कैसे नारीं।।
कहै कबीर गुर एक बुधि बताई, सहज सुभाइ मिलै राम राई।।54।।

❖   ❖   ❖

---

1. लाभ 2. विवेक 3. देखा 4. सूत को अलग करने का यंत्र 5. प्यासी 6. पंख 7. खड़ी हुई

मेरी अँषियाँ जानि सुजान भई।

देवर भरम ससुर संग तजि करि, हरि पीव तहाँ गई।टेक॥

बालपनै के करम हमारे काटे जानि दई।

बाँह पकरि करि कृपा कीन्हीं, आप समीप लई॥

पानी की बूँद थैं जिनि प्यंड[1] साज्या, तासंगि अधिक करई।

दास कबीर पल प्रेम न घटई, दिन दिन प्रीति नई॥55॥

मैं बन भूला तूँ समझाइ।

चित चंचल रहै न अटक्यौ, बिषै बन कूँ जाइ।टेक॥

संसार सागर मांहि भूल्यो, थक्यो करत उपाइ।

मोहनी माया बाघनी थैं, राखि लै राम राइ।

गोपाल सुनि एक बीनती, सुमति तन ठहराइ।

कहै कबीर यहु काम रिप[2] है, मारै सबकूँ ढाइ॥56॥

---

1. शरीर 2. शत्रु

अलह[1] अलख निरंजन देव, किहि बिधि करौं तुम्हारी सेव।टेक॥

विश्न[2] सोई जाको विस्तार, सोई कृस्न जिनि कीयौ संसार।

गोब्यंद ते ब्रह्मंडहि नहैं, सोई राम जे जुगि जुगि रहै॥

अलह सोई जिनि उमति उपाई,[3] दस दर खोलै सोई खुदाई।

लख चौरासी रब[4] परवरै,[5] सोई करीब जे एती करै।

गोरख सोई ग्यांन गमि गहे, महादेव सोई मन को लहै॥

सिध[6] सोई जो साधै इति, नाय सोई जो त्रिभवन जती।

सिध साधू पैकंबर हूवा, जपै सू एक भेष है जूवा।

अपरंपार की नांउ[7] अनंत, कहै कबीर सोई भगवंत॥57॥

एक अचंभा ऐसा भया,

करणीं थैं कारण मिटि गया।टेक॥

करणी किया करम का नास, पावक माँहि पुहुप प्रकास।

पुहुप मांहि पावक प्रजरै,[8] पाप पुंन दोउ भ्रम टरै॥

प्रगटी बास बासना धोइ, कुल प्रगट्यौ कुल घाल्यौ खोइ।

उपजी च्यंत च्यंत मिटि गई, भौ भ्रम भागा ऐसे भई।

उलटी गंग मेर[9] कूँ चली, धरती उलटि अकासहिं मिली॥

दास कबीर तत ऐसी कहै, ससिहर उलटि राह की गहे॥58॥

---

1. अल्लाह, ईश्वर 2. विष्णु 3. उत्पन्न की 4. ईश्वर 5. पालन करते हैं 6. सिद्ध 7. नाम
8. प्रज्ज्वलित 9. मेरु, पर्वत

ताथैं, कहिये लोकोचार,

बेद कतेब कथैं ब्योहार।।टेक।।

जारि बारि करि आवै देहा, मूंवां पीछै प्रीति सनेहा।

जीवन पित्राहि गारहि डंगा[1], मूंवां पित्रा ले घालैं[2] गंगा।।

जीवत पित्रा कूँ अन न ख्वावै, मूंवां पीछे घ्यंड भरावै।।

जीवत पित्रा कूँ बोलै अपराध, मूंवां पीछे देहि सराध[3]।।

कहि कबीर मोहि अचिरज आवै, कऊवा खाइ पित्रा क्यूँ पावै।।59।।

रैनि गई मति दिन भी जाइ,

भवर[4] उड़े बग[5] बैठे आइ।।टेक।।

कांचै करवै[6] रहै न पानी, हंस उड़ा काया कुमिलांनी।

थरहर थरहर कंपै जीव, नां जांनूं का करिहै पीव।

कऊवा उड़ावत मेरी बहियां पिरांनी,[7]

कहै कबीर मेरी कथा सिरांनी।।60।।

यहु ठग ठगत सकल जग डोलै, गवन करै तब मुषह[1] न बोलै॥

तूँ मेरो पुरिषा[2] हौं तेरी नारी, तुम्ह चलतैं पाथर थैं भारी।

बालपनाँ के मीत हमारे, हमहिं लाडि कत चले हो निनारे[3]॥

हम सूँ प्रीति न करि री बौरी, तुमसे केते लागे ढौरी[4]॥

हम काहू संगि गए न आये, तुम्ह से गढ़ हम बहुत बसाये॥

माटी की देही पवन सरीरा, ता ठग सूँ जन डरै कबीरा॥61॥

❖ ❖ ❖

जतन बिन मृगनि खेत उजारे,

टारे टरत नहीं निस बासुरि, बिडरत[5] नहीं बिडारे।टेक॥

अपने अपने रस के लोभी, करतब न्यारे न्यारे।

अति अभिमान बदत[6] नहीं काहू, बहुत लोग पचि[7] हारे॥

बुधि मेरी किरषी[8] गुर मेरौ बिझुका,[9] आखिर दोइ रखवारे॥

कहै कबीर अब खान न दैहूँ, बरियां भली सँभारे॥62॥

❖ ❖ ❖

---

1. मुख से 2. पुरुष पति 3. अलग 4. लगाव, लगन, पीछे लगना 5. बिखेरने पर, हटाने पर
6. कहते 7. कोशिश करके 8. कृषि 9. खेत में लगायी गयी मनुष्य की प्रतिकृति

न कछु रे न कछू राम बिनां।

सरीर धरे की रहै परमगति, साध संगति रहनाँ।टेक॥

मंदिर रचत मास दस लागै, बिनसत[1] एक छिनां।

झूठे सुख के कारनि प्रांनीं, परपंच करता घना॥

तात मात सुख लोग कुटुंब, मैं फूल्यो फिरत मनां।

कहै कबीर राम भजि बौरे,[2] छांड़ि सकल भ्रमनां॥63॥

❖ ❖ ❖

कहा नर गरबसि थोरी बात।

मन दस नाज टका दस गंठिया, टेढ़ौ टेढ़ौ जात।टेक॥

कहा लै आयौ यहु धन कोऊ, कहा कोऊ लै जात॥

दिवस चारि की है पतिसाही,[3] ज्यूँ बनि हरियल पात॥

राजा भयौ गाँव सौ पाये, टका लाख दस ब्रात॥

रावन होत लंका को छत्रापति, पल मैं गई बिहात[4]॥

माता पिता लोक सुत बनिता, अंत न चले संगात[5]॥

कहै कबीर राम भजि बौरे, जनम अकारथ जात॥64॥

❖ ❖ ❖

---

1. नष्ट होते हुए 2. पागल 3. बादशाहत 4. नष्ट होना 5. साथ

लोका मति के भोरा रे।

जो कासी तन तजै कबीर, तौ रामहिं कहा निहोरा[1] रे।टेक॥

तब हमें वैसे अब हम ऐसे, इहै जनम का लाहा[2]।

ज्यूँ जल मैं जल पैसि न निकसै, यूँ ढुरि मिलै जुलाहा॥

राम भगति परि जाकौ हित चित, ताकौ अचिरज काहा॥

गुर प्रसाद साध की संगति, जग जीते जाइ जुलाहा॥

कहै कबीर सुनहु रे संतो, भ्रमि परे जिनि कोई॥

जसं कासी तस मगहर ऊसर,[3] हिरदै राम सति होई॥65॥

❖ ❖ ❖

संतो सहज समाधि[4] भली।

साईं ते मिलन भयो जा दिन ते सुरत न अन्त चली॥

आँख न मूँदूँ कान न रूँधूँ[5] काया कष्ट न धारूँ।

खुले नैन मैं हँस–हँस देखूँ सुंदर रूप निहारूँ॥

कहूँ सो नाम सुनूँ सो सुमिरन जो कछु करूँ सो पूजा।

गिरह[6] उध्यान एक सम देखूँ भाव मिटाऊँ दूजा॥

जहँ–जहँ जाऊँ सोई परिकरमा जो कछु करूँ सो सेवा।

जब सोऊँ तब करूँ दण्डवत पूजूँ और न देवा॥

शब्द निरंतर मनुआ राता मलिन बचन का त्यागी।

उठत–बैठत कबहुँ न बिसरै ऐसी तारी[7] लागी॥

कहै 'कबीर' यह उनमुनि रहनी सो परगट कर गाई।

सुख–दुख के इक परे परम सुख तेहि में रहा समाई॥66॥

---

1. अनुनय-विनय 2. लाभ 3. अनऊपजाऊ 4. चित्त का आंतरिक, स्वाभाविक स्थिति में लीन हो जाना 5. अवरुद्ध करूँ 6. गृहस्थ 7. लगन

झीनी झीनी बीनी चदरिया॥

काहे कै ताना काहे कै भरनी, कौन तार से बीनी चदरिया॥

इड़ा पिंगला ताना भरनी,[1] सुखमन[2] तार से बीनी चदरिया॥

आठ कँवल दल चरखा डोलै, पाँच तत्त्व गुन तीनी चदरिया॥

साँ को सियत[3] मास दस लागे, ठोंक ठोंक कै बीनी चदरिया॥

सो चादर सुर नर मुनि ओढी,[4] ओढि कै मैली कीनी चदरिया॥

दास कबीर जतन करि ओढी, ज्यों कीं त्यों धर दीनी चदरिया॥67॥

रहना नहिं देस बिराना[5] है।

यह संसार कागद की पुड़िया, बूँद पड़े घुल जाना है॥

यह संसार काँट की बाड़ी,[6] उलझ-पुलझ मरि जाना है।

यह संसार झाड़ औ झाँखर, आग लगे बरि[7] जाना है॥

कहत कबीर सुनो भाई साधो, सतगुरु नाम ठिकाना है॥68॥

---

1. करघे की ढरकी 2. सूक्ष्म 3. सीते हुए, सिलाई करते हुए 4. ओढ़कर 5. पराया 6. वाटिका 7. जलना

मोको[1] कहाँ ढूँढै बंदे मैं तो तेरे पास में।
ना मैं देवल ना मैं मस्जिद ना काबे कैलास में॥
ना तो कौन क्रिया-कर्म में नहीं जोग-बैराग में॥
ना मैं छगरी[2] ना मैं भेंड़ी[3] ना मैं छूरी गाँड़ास[4] में॥
नहीं खाल में नहीं पूछ में ना हड्डी ना माँस में॥
मैं तो रहौ सहर के बाहर मेरी पूरी मवास[5] में॥
खोजी होय तो तुरतै मिलिहौं पल-भर की तलास में॥
कहै 'कबीर' सुनो भाई साधो सब साँसन की साँस में॥69॥

❖   ❖   ❖

मन मस्त हुआ तब क्यूँ बोले।
हीरा पायो गाँठ गठियायो बार-बार बा को क्यूँ खोले॥
हल्की थी तब चढ़ी तराजू पूरी भई तब क्यूँ तओले॥
सूरत[6]-कलारी भई मतवारी मदवा[7] पी गई बिन तोले॥
हंसा पाए मानसरोवर ताल तलैया क्यूँ डोले॥
तेरा साहब है घर माँ हीं बाहर नैना क्यूँ खोले॥
कहैं च्कबीरज सुनो भा साधो साहब मिले गए तिल ओले[8]॥70॥

❖   ❖   ❖

---

1. मुझको 2. बकरी 3. भेड़ 4. गंडासा 5. आश्रय, दुर्ग, किला 6. चित्त की अनुरागात्मिका वृत्ति
7. सुरा 8. ओट में

भेद बानी कोई सुनता है गुरु ज्ञानी,
गगन आवाज़ होती झीनी।
पहले होता नाद[1] बिन्दु से फेर जमाया पानी ॥
सब घट पूरन पूर रहा है आदि पुरुष निर्बानी ॥
जो तन पाया पटा लिखाया तिस्ना नहीं बुझानी ॥
अमृत छोड़ी बिषय रस चाखा उल्टी फाँस फँसानी ॥
ओअं सोहं बाजा बाजै त्रिकुटी[2] सूरत समानी ॥
इड़ा पिंगला सुषमन सोधे सुन्न[3] धुजा[4] फहरानी ॥
दीद[5] बर-दीद हम नज़रों देखा अजरा अमर निसानी ॥
कह कबीर सुनो भाई साधो यही आदि की बानी ॥71॥

रस गगन गुफा[6] में अजर[7] झरै।
बिन बाजा झनकार उठै, जहँ समुझि परै ध्यान धरै ॥
बिना ताल जहँ कँवल फुलाने, तेहि चढि हंसा केलि[8] करै ॥
बिन चंदा उजियारै दरसे, जहँ-तहँ हंसा नजर परै ॥
दसवे द्वारें तारी[9] लागी, अलख पुरुष जाको ध्यान धरै ॥
काल कराल विकट नहिं आवै, काम-क्रोध-मद लोभ जरै ॥
जुगन जुगन[10] की तृषा बुझानी, कर्म-भर्म-अथ-व्याधि टरै ॥
कहै कबीर सुनो भई साधो, अमर होय कबहूँ न मरै ॥72॥

---

1. ध्वनि 2. दोनों भौंहों के मध्य का स्थान जहाँ आकर तीनों नाड़ियाँ—इड़ा, पिंगला और सुषुम्ना मिलती हैं 3. शून्य 4. ध्वजा 5. दर्शन 6. सहस्रार 7. निरंतर 8. क्रीड़ा 9. ध्यान, एकाग्रता 10. युगों-युगों की

माया महा ठगनी हम जानी।

तिरगुन[1] फाँसि लिये कर डोलै, बोलै मधुरी बानी।

केसव के कमला होइ बैठी, सिव के भवन भवानी।

पंडा के मूरत होइ बैठी तीरथहू में पानी।

जोगी के जोगिन होइ बैठी, काहू के कौड़ी कानी।

भक्तन के भक्तिन होइ बैठी, ब्रह्मा के ब्रह्मानी।

कहैं कबीर सुनो भाई साधो, यह सब अकथ कहानी॥73॥

बहुरि नहिं आवना या देस॥ टेक॥

जो जो गए बहुरि नहि आए पठवत नाहिं सँस[2]॥

सुर नर मुनि अरु पीर औलिया देवी देव गनेस॥

धरि धरि जनम सबै भरमे[3] हैं ब्रह्मा विष्णु महेस॥

जोगी जंगम औ संन्यासी दिगंबर दरवेस॥

चुंडित[4] मुंडित पंडित लो सरग रसातल सेस॥

ज्ञानी गुनी चतुर अरु कविता राजा रंक नरेस॥

को राम को रहिम बखानै को कहै आदेस॥

नाना भेष बनाय सबै मिलि ढूंढि फिरें चहुँदेस॥

कहै कबीर अंत ना पैहो बिन सतगुरु उपदेश॥74॥

---

1. तीन गुण - सत, रज एवं तम 2. संशय 3. भ्रमित हुए 4. चोटीवाला

मेरा तेरा मनुओं कैसे इक होई रे।

मैं कहता हौं आँखिन देखी, तू कहता कागद की लेखी।

मैं कहता सुरझावनहारी, तू राख्यौ उरझाई रे।

मैं कहता तू जागत रहियो, तू रहता है सोई रे।

मैं कहता निर्मोही रहियो, तू जाता है मोही रे।

जुगन जुगन समुझावत हारा, कही मानत कोई रे।

तू तो रंडी[1] फिरै बिहंडी, सब धन डारे खोई रे।

सतगुरु धारा निर्मल बाहै,[2] वामैं काया धोई रे।

कहत कबीर सुनो भाई साधो, तब ही वैसा होई रे ॥75॥

साधो यह तन ठाठ तँबूरे का।

ऐंचत[3] तार मरोरतें[4] खूँटी निकासत राग हजूरे का॥

टूटे तार बिखर गई खूँटी हो गया धूरम–धूरे का॥

कहै 'कबीर' सुनो भाई साधो अगम पंथ कोई सूरे[5] का ॥76॥

---

1. वेश्या, गाली 2. बहाते हैं 3. खींचते हैं 4. मरोड़ते 5. योद्धा

जो दीसै सो तो नाही है सो कहा न जाई।

बिन देखै परतीत न आवै कहै न को पतियाना॥

समझा होय तो शब्दै चीन्है अचरज होय अयाना॥

कोई ध्याबै निकारा को कोई ध्यावै आकारा॥

या विधी इन दोनों ते न्यारा जानै जाननहारा॥

वह राग तो लखा न जाई मात्रा लागै न काना॥

कहै 'कबीर' सो पढ़ै न परलय सुरत निरत जिन जाना॥77॥

❖ ❖ ❖

जो खोदाय[1] मसजीद बसतु[2] है और मुलुक कहै केरा।

तीरथ-मूरत राम-निवासी बाहर करे को हेरा॥

पूरब दिसा हरी कौ बासा पच्छिम अलह मुकामा॥

दिल में खोज दिल हि में खोजौ इहैं करीमा-रामा॥

जेते औरत-मरद उपानी[3] सो सब रूप तुम्हारा॥

'कबीर' पोगड़ा अलह-राम का सो गुरू पीर हमारा॥78॥

❖ ❖ ❖

---

1. ख़ुदा 2. निवास करता है 3. उत्पन्न हुए हैं

माया तजी न जाई।

गिरह[1] तज के बस्तर बाँधा बस्तर तज के फेरी॥

काम तजे तें क्रोध न जाई क्रोध तजे तें लोभा॥

लोभ तजे अहँकार न जाई मान बड़ाई सोभा॥

मन बैरागी माया त्यागी शब्द में सुरत समाई॥

कहै 'कबीर' सुनो भाई अवधू साधो ये गम बिरले[2] पाई॥79॥

❖ ❖ ❖

संतन जात न पूछो निरगुनियाँ।

साध बाभन[3] साध छत्तरी[4] साधै जाती बनियाँ॥

साधन माँ छत्तीस कौम है टेढ़ी तोर पुछनियाँ॥

साधै नाऊ साधै धोबी साध जाति है बरियाँ॥

साधन माँ रैदास संत हैं सुपच ऋषी सो भँगियाँ॥

हिन्दु-तुर्क दुई दीन बने हैं कछू नहीं पहचानियाँ॥80॥

❖ ❖ ❖

---

1. गृहस्थ 2. विरले 3. ब्राह्मण 4. क्षत्रिय

मन तू पार उतर कहँ जैहौ।

आगे पंथी पंथ न कोई कूच मकाम न पैहो[1] ॥

नहिं तहँ नीर नाव नहिं खेवट ना गुन[2] खैंचनहारा ॥

धरनी गगन कल्प कछु नाही ना कछु वार ना पारा ॥

नहिं तन नहिं मन नहीं अपनपौ सुन्न में सुद्ध न पैहौ ॥

बलीवान होय पैठो घट में वाहीं ठौरैं होइहौ ॥

बार ही बार बिचार देख मन अन्त कहूँ मत जैहौ ॥

कहै 'कबीर' सब छाड़ि कल्पना ज्यों–के–त्यों ठहरै हौ ॥81॥

साधो सो सतगुरु मोहि भावै।

सत्त प्रेम का भर–भर प्याला आप पिवै मोंहि प्यावै ॥

परदा दूर करै आँखिन का ब्रह्म दरस दिखलावै ॥

जिस दरस में सब लोक दरसै अनहद[3] सब्द सुनावै ॥

एकहि सब सुख–दुख दिखलावै सब्द में सुरत समावै ॥

कहैं 'कबीर' ताको भय नाहीं निर्भय पद परसावै ॥82॥

---

1. पाएगा 2. गुण, रस्सी 3. अनाहत ध्वनि, बिना चोट की ध्वनि

इस घट-अंतर बाग-बगीचे इसी में सिरजनहारा।

इस घट-अंतर सात समुंदर इसी में नौ लख तारा।

इस घट-अंतर पारस मोती इसी में परखनहारा।

इस घट-अंतर अनहद गरजै इसी में उठत फुहारा[1]।

कहत 'कबीर' सुनो भाई साधो इसी में साईं हमारा ॥83॥

❖   ❖   ❖

तिंविर[2] साँझ का गहिरा[3] आवै छावै प्रेम मन-तन में।

पच्छिम दिस कि खिड़की खोलो डूबहु प्रेम-गगन में।

चेत कँवल-दल रस पियो रे लहर लेहु[4] या तन में।

संख-घंट सहनाई बाजै सोभा सिंघ महल में।

कहै 'कबीर' सुनो भाई साधो अमर साहब लख[5] घट में ॥84॥

❖   ❖   ❖

अवधू बेगम[6] देस हमारा।

राजा रंक फिकीर बादसा सब से कहौं पुकारा।

जो तुम चाहो परमपद को बसिहो देस हमारा।

जो तुम आये झीने[7] हो के तजो मना की भारा।

ऐसी रहन रहो रे प्यारे सहजै उतर जीवो पारा ॥85॥

❖   ❖   ❖

---

1. फव्वारा 2. तिमिर 3. गहरा 4. प्राप्त करो 5. देखो 6. बिना ग़म के, दुःख रहित 7. हल्के

रमैणी

तू सकल गहगरा,[1] सफ सफा दिलदार दीदार॥

तेरी कुदरति किनहूँ न जानी, पीर मुरीद काजी मुसलमानी॥

देवौ देव सुर नर गण गंधप,[2] ब्रह्मा देव महेसुर॥।॥

तेरी कुदरति तिनहूँ न जांनी।टेक॥

काजी सो जो काया बिचारै, तेल दीप मैं बाती जारै॥

तेल दीप मैं बाती रहे, जोति चीन्हि[3] जे काजी कहै॥

मुलनां[4] बंग[5] देइ सुर जाँनी, आप मुसलां[6] बैठा ताँनी॥

आपुन मैं जे करै निवाजा, सो मुलनाँ सरबत्तरि गाजा॥

सेष सहज मैं महल उठावा, चंद सूर बिचि तारौ लावा॥

अर्ध उर्ध बिचि आनि उतारा, सोई सेष तिहूँ लोक पियारा॥

जंगम[7] जोग बिचारै जहूँवाँ, जीव सिव करि एकै ठऊवाँ॥

चित चेतनि करि पूजा लावा, तेतौ जंगम नांऊँ[8] कहावा॥

जोगी भसम करै भौ मारी, सहज गहै बिचार बिचारी॥

अनभै घट परचा सू बोलै, सो जोगी निहचल[9] कदे न डोले॥

जैन जीव का करहू उबारा, कौंण जीव का करहु उधारा॥

कहाँ बसै चौरासी मतै संसारी, तिरण तत ते लेहु बिचारी॥

प्रीति जांनि राम जे कहै, दास नांउ सो भगता लहै॥

पंडित चारि वेद गुंण गावा, आदि अंति करि पूत कहावा॥

उतपति परलै कहौ बिचारी, संसा[10] घालौ सबै निवारी॥

---

1. शक्तिमान 2. गंधर्व 3. पहचाना 4. मौलाना 5. बाँग 6. मुसलमान 7. शैव साधु 8. नाम
9. निश्चल, स्थिर 10. संशय

अरधक उरधक[1] ये संन्यासी, ते सब लागि रहै अबिनासी॥

अजरावर[2] कौ डिढ[3] करि गहै, सो संन्यासी उम्मन[4] रहै॥

जिहि धर चाल रची ब्रह्मंडा, पृथमीं मारि करी नव खंडां॥

अविगत पुरिस की गति लखी न जाई,
दास कबीर अगह[5] रहे ल्यौ लाई॥1॥

❖ ❖ ❖

केऊ केऊ तीरथ ब्रत लपटानां, केऊ केऊ केवल राम निज जाना॥

अजरा अमर एक अस्थाना, ताका मरम काहू बिरलै जानां॥

अबरन[6] जोति सकल उजियारा, द्रिष्टि समांन दास निस्तारा॥

जो नहीं उपज्या धरनि सरीरा, ताकै पथि न सींच्या नीरा॥

जा नहीं लागे सूरजि के बांनां, सो मोहि आंनि देहु को दाना॥

जब नहीं होते पवन नहीं पानी, तब नहीं होती सिष्टि उपांनी[7]॥

जब नहीं होते प्यंड[8] न बासा, तब नहीं होते धरनी अकासा॥

जब नहीं होते गरभ न मूला, तब नहीं होते कली न फूला॥

जब नहीं सबद नहीं न स्वादं, तब नहीं होते विद्या न वादं॥

जब नहीं होते गुरु न चेला, तब गम अगमै पंथ अकेला॥

अवगति की गति क्या कहूँ, जिसकर गांव न नांव॥

गन बिहून का पेखिये, काकर धरिये नांव॥

आदम आदि सुधि नहीं पाई, मां मां हवा कहाँ थै आई॥

जब नहीं होते रांम खुदाई, साखा मूल आदि नहीं भाई॥

जब नहीं होते तुरक न हिन्दू, मांका उदर पिता का ब्यंदू[9]॥

जब नहीं होते गाइ कसाई, तब बिसमला किनि फुरमाई॥

भूलै फिरै दीन है धांवै, ता साहिब का पंथ न पावै॥

---

1. अधर-उधर्व 2. अजर-अमर 3. दृढ़ 4. साधुओं की साधना की अवस्था विशेष 5. अगम्य
6. अवर्ण, रंगहीन 7. उत्पन्न 8. पिंड, शरीर 9. बिन्दु

संजोगै करि गुंण धर्या, बिजोगै[1] गुंण जाइ॥

जिभ्या स्वारथि आपणै कीजै बहुत उपाइ॥

जिनि कलमां कलि[2] मांहि पठावा, कुदरत खोजि तिनहं नहीं पावा॥

कर्म करीम भये कर्तूती,[3] वेद कुरान भये दोऊ रीती॥

कृतम[4] सो जु गरभ अवतरिया, कृतम[4] सो जु नाव जस धरिया॥

कृतम सुनित्य और जनेऊ, हिन्दू तुरक न जानै भेऊ॥

मन मुसले की जुगति न जांनै, मति भूलै द्वै दीन बखानै॥

पाणी पवन संयोग करि, कीया है उतपाति॥

सुनि मैं सबद समाइगा, तब कासनि कहिये जाति॥

तुरकी धरम बहुत हम खोजा, बहु बाजगर[5] करै ए बोंधा॥

गाफिल[6] गरब करै अधिकाई, स्वारथ अरथि बधै ए गाई॥

जाकौ दूध धाई करि पीजै, ता माता को बध क्यूं कीजै॥

लुहरै थकै दुहि पीया खीरो, ताका अहमक भकै[7] सरीरो॥

बेअकली अकलि न जांनहीं, भूले फिरै ए लोइ॥

दिल दरिया दीदार[8] बिन, भिस्त कहाँ थै होइ॥

पंडित भूले पढ़ि गुन्य वेदा, आप न पांवै नांनां भेदा॥

संध्या तरपन अरु षट करमां, लागि रहे इनकै आशरमां[9]॥

गायत्री जुग चारि पढ़ाई, पूछौ जाइ कुमति किनि पाई॥

सब में राम रहे ल्यौ सींचा, इन थैं और कहौ को नीचा॥

अति गुन गरब करै अधिकाई, अधिकै गरबि न होइ भलाई॥

जाकौ ठाकुर गरब प्रहारी, सो क्यूँ सकई गरब संहारी॥

कुल अभिमाँन बिचार तजि, खोजौ पद निरबांन[10]॥

अंकुर बीज नसाइगा, तब मिलै बिदेही[11] थान[12]॥

खत्री करै खत्रिया धरमो, तिनकूं होय सवाया करमो॥

जीवहि मारि जीव प्रतिपारैं, देखत जनम आपनौ हारै॥

---

1. वियोग में 2. कलियुग 3. कर्म 4. कर्म 5. कार्य 6. बेसुध, मूर्ख 7. खाता है 8. दर्शन 9. आश्रम में 10. निर्वाण 11. देहहीन, निर्गुण 12. स्थान, पद

पंच सुभाव जु मेटै काया, सब तजि करम भजैं राम राया॥

खत्री सों जु कुटुंब सूं सूझै, पंचू मेटि एक कूं बूझै॥

जो आवध[1] गुर ग्यान लखावा, गहि करबाल[2] धूप धरि धावा॥

हेला करै निसांनै घाऊ, जूझ परै तहां मनमथ[3] राऊ॥

मनमथ मरे न जीवई, जीवण मरण न होइ॥

सुनि सनेही रांम बिन, गये अपनपौ खोइ॥

अरु भूले षट दरसन भाई, पाखंड भेष रहे लपटाई॥

जैन बोध अरु साकत सैंना, चारवाक चतुरंग बिहूंनां[4]॥

जैन जीव की सुधि न जानै, पाती तोरि देहुरै आंनै॥

अरु पिथमीं का रोम उपारे, देखत जीव कोटि संहारै॥

मनमथ करम करै असराग, कलपत बिंद धसै तिहि द्वारा॥

ताकी हत्या होइ अदभूता, षट दरसन मैं जैन बिगूता॥

ग्यान अमर पद बाहिरा, नेड़ा[5] ही तैं दूरि॥

जिनि जान्याँ तिनि निकटि है, रांम रह्या सकल भरपूरि॥

आपनं करता भये कुलाला, बहु बिधि सिष्टि रची दर हाला॥

बिधनां कुंभ कीये द्वै थाना, प्रतिबिंब ता मांहि समांनां॥

बहुत जतन करि बांनक, सौं मिलाय जीव तहाँ ठाँट॥

जठर अगनि दी कीं परजाली, ता मैं आप करै प्रतिपाली॥

भीतर थैं जब बाहिर आवा, सिव सकती द्वै नाँव धरावा॥

भूलै भरमि परै जिनि कोई, हिन्दू तुरक झूठ कुल दोई॥

घर का सुत जो होइ अयाँनां,[6] ताके संगि क्यूं जाइ सयाँनां॥

साची बात कहै जे वासूं, सो फिरि कहै दिवाँनां तासू॥

गोप भिन्न है एकै दूधा, कासूं कहिए बाँम्हन सूधा॥

जिनि यहु चित्र बनाइया, सो साचा सतधार॥

कहै कबीर ते जन भजे चित्रवत लेहि बिचार॥2॥

❑❑❑
